JULIO CARO BAROJA

TOLEDO

JULIO CARO BAROJA

TOLEDO

Ilustraciones del autor

Colección dirigida por
Valentí Gómez i Oliver
y Carlos Trías

Fotografía de la cubierta: Vista panorámica de Toledo
(Archivo Oronoz)
Mapa: Alexandre Ferrer

© Julio Caro Baroja
© Ediciones Destino, S. A.
Consejo de Ciento, 425. 08009 Barcelona
Primera edición: mayo 1988
ISBN: 84-233-1642-4
Depósito legal: B. 14.413-1988
Impreso por Sirven Grafic, S. A.
Caspe, 113. 08013 Barcelona
Impreso en España - Printed in Spain

Prólogo

Publicar un nuevo libro sobre Toledo supone bastante osadía en el que se lanza a ello y más siendo persona que no es ya conocida por haber escrito algo curioso acerca de la ciudad. Asumo el riesgo con todas las consecuencias y también el de asustar al lector presunto con la siguiente explicación, un poco abstrusa, de cómo he concebido este texto, problemático de suyo. Pero he de ser fiel a mí mismo, y más dada la importancia del tema que voy a desarrollar (ya en época de debilidad senil) y la admiración que tengo por este recinto excepcional.

No creo que el lector esperará de mí grandes efusiones líricas, ni tampoco que emplee ciertos recursos retóricos, muy difíciles de manejar bien, muy fáciles de manejar mal, según dicta la experiencia. Esto, en bueno y en malo, ya se ha hecho y «mejor es no meneallo». Quería escribir algo personal, dentro de mis debilidades, sin pretender por eso descubrir cosas que no hayan visto en la ciudad otros con mucho más talento que yo. Lo que pretendo, en esencia, es dar una visión de ella ordenada a mi manera: pero creo que con un orden que puede servir para aprovechar luego mejor la consulta de guías, inventarios y libros descriptivos o de otra clase. He tenido que observar una cosa material, concreta y con muchos años de existencia, la ciudad de Toledo, y he de reflejar el fruto de averiguaciones inmensas acerca de ella, en un volumen de no muy gran tamaño y en colección que tiene como tema propio el de «Las ciudades»: título que de por sí indica que hay ciudades y ciudades.

Es claro que si hoy estudiamos la vida social y económica de una ciudad como ésta encontraremos que en ella se dan rasgos comunes con los que presentan otras muchas ciudades y capitales españolas. Pero

7

siempre habrá algo específico y privativo, incluso en aspectos económicos generales como, por ejemplo, el del papel del turismo, condicionado por su forma y pasado peculiares. Vivirán de seguro en Toledo muchas personas, como podrían vivir en cualquier otra población, con intereses particulares, muy limitados, y empleos definidos, en bancos, oficinas públicas y privadas y desempeñando cargos técnicos y administrativos o subalternos. Lo que de más significativo tenga la ciudad misma para un artista, un poeta, un hombre de fe o un historiador, no es acaso nada para algunas de tales personas: pero la ciudad está ahí. ¿Qué es lo que la anima y quién la anima? Existen en ella elementos significativos a millares: acaso no son tantos los hombres y mujeres que comúnmente los perciben e incluso habrá quienes los rechacen. Porque, en efecto, hoy también se ha observado, en viejas poblaciones españolas, que existe bastante gente a la que le molesta e irrita el elemento histórico-arqueológico que las caracteriza, que les ahoga y que han hecho todo lo posible para deshacerlo y se han mostrado encantados cuando lo han podido eliminar. Fuera murallas, conventos, calles tortuosas, construcciones peregrinas. Vengan avenidas, rascacielos metálicos, bancos y comercios aparatosos. Mejor todo si el modernista gana buenos dineros. Éstos siguen una cuenta algo parecida a la de los teóricos del aquí y ahora. Son los utilitarios a los que deshacer les produce utilidades a corto plazo. ¿Lo que fue y lo que venga después? Lo mismo da. No existe: o no debía existir.

No quiero ahora citar por su nombre algunas de las ciudades que han quedado más despanzurradas y envilecidas por esta tendencia. Hoy no es la que se da en Toledo, afortunadamente, aunque en libros de la primera mitad de este siglo había ya alguna queja respecto a «lo moderno». Por ejemplo, Elie Lambert publicó en 1925 una buena obra sobre la ciudad y, ya al final, decía: «Les constructions modernes n'ajoutent rien a *la beauté de Toledo; et il vaut mieux n'en point parler».*[1]

Ahora podemos pensar que estas cosas finiseculares «tienen su época». Pero el casco viejo ahí está y un núcleo urbano nuevo se ha levantado fuera, con muy buen acuerdo. En Toledo se puede vivir y se puede soñar. Los que «vamos a Toledo», vamos a «soñar». Nos guía un impulso que puede impedirnos ver ciertas partes de la vida real y que hace que nos desentendamos demasiado de cómo son y cómo viven bastantes de los residentes en la ciudad. Nunca podremos, sin embargo, eliminar en absoluto el considerar esa parte de su vida ciudadana.

También tenemos que reflexionar acerca de cómo, por qué y para qué vamos a soñar a Toledo. Porque los ensueños son de índole muy distinta y las definiciones de los diccionarios de qué cosa son, insuficientes para comprender qué son. Por lo general se cree que los poetas, dramaturgos y novelistas tienen su monopolio. La verdad es que un hombre de fe puede contar con sus ensueños propios y que ha de admitir que los tengan otra clase de hombres. ¿En qué casillero colocaremos al que pretenda ver con sus ojos lo que vieron con los suyos hombres de distintas épocas, que pudieron ser considerados realistas? Otra forma de «ensueño» (acaso tan importante o más que la anterior) es la de los que procuran ver como los que obtuvieron imágenes fantásticas, no sólo ante la forma sino también ante el pasado de ciudades como ésta, en su Espacio y su Tiempo.

Creo que el contraste se da una y otra vez. Creo, también, que el analizar algunas formas específicas de semejante contraste es algo fundamental para conocer la ciudad y, en última instancia, la razón mayor de su prestigio.

1. *Tolede*, p. 161.

Desde el comienzo de este ejercicio (pues de un ejercicio mental se trata) he de utilizar la visión doble, o si se quiere, y empleando un símil musical, este contrapunto en que dos voces distintas y aun opuestas se armonizan. Una voz más grave, la de los que han contado o pretendido descubrir lo «real» y contar la «verdad». Otra más aguda, penetrante y variable, la de los que han imaginado, soñado, traspuesto y hasta falsificado deliberadamente para engrandecer a la ciudad misma.

Desde el comienzo nos encontramos el «contrapunto». ¿Qué sabemos de los orígenes de Toledo, según las gentes más objetivas? ¿Qué sabemos según obras y personas que hoy carecen de autoridad crítica, pero que han influido mucho en el devenir de la ciudad? Este primer contraste resulta ya asombroso.

I. Algo de topografía antigua y mucho de fantasía

1. *Toledo en siete colinas*

Hay ciudades de las que se ha dado una visión material, plástica, estereotipada, o modelo, desde tiempos remotos, y otras de las que siempre ha sido más difícil fijar una visión plástica satisfactoria. Toledo está a la cabeza de las primeras: se puede afirmar que esta visión es doble. La *septentrional* es menos explotada que la *meridional:* es, sin embargo, muy antigua, y se apoya en la idea de que el Tajo forma una herradura en relación con Toledo. Es proverbial. Entre las comedias que se han publicado en las obras de Lope de Vega, hay una que parece que no es de él, aunque puede que sea una «adaptación» torpe de otra original, relativa a Alfonso VI y la conquista, llamada *El hijo por engaño y toma de Toledo,* en que Izán se refiere, en efecto, a lo de:

> En forma de una herradura,
> el Tajo aguija a cercalla.[1]

Esto se halla visualizado en el libro del cosmógrafo Pedro Medina, publicado en 1548, que usa del punto de vista septentrional, de una manera muy sumaria. El Tajo forma así un círculo cerrado. Los dos puentes están a la misma altura. Once torres, con una puerta central, cierran la ciudad por el norte.[2]

Es curioso advertir cómo el grabado en madera con esta tosca representación de Toledo aparece, tiempo después, en impresos que nada tienen que ver con la ciudad. En cabeza, por ejemplo, de una relación de la victoria de Lepanto, en letra gótica,

11

TOLEDE *Ville Capitale de Castille la neuve au*
du Tage Alfonse 6.e la conquit sur les Maures
1 *Cathedrale* 2 *le Palais du Roy d'Espaane* 3 *la Cour.*

eꝛ esché et primatie en Espagne sur la Ruuere
· on y a tenu 18. Conciles de l'Eglise
du Tage.   fait par Aueline auec Priuilege du Roy

Visión tradicional de Toledo, de Aveline, siglo XVIII

impresa asimismo en Sevilla poco después del hecho famoso y veintidós años más tarde de que se imprimiera el texto de Pedro de Medina (1549).[3] Un punto de vista septentrional adopta también el Greco, como se verá luego. Pero hay muchas más imágenes tomadas desde el sur. Éstas se han reproducido muchas veces. Una muy atractiva, aunque algo exagerada, es la que tiene la inscripción que dice «Depingebet Georgius / Houfnaglius. Aº 1566» con el Alcázar y la catedral aparte.[4] El mismo punto de vista es el que adopta Pedro de Nobilibus en 1585, que, por cierto, da una idea del caserío más repleta que la primeramente citada.[5] En el siglo XVIII, la imagen de Aveline sigue también el modelo más antiguo, empeorándolo, y otras lo empeoran y empobrecen todavía más.

Los antiguos historiadores de la ciudad también usan de la que podemos llamar «visión meridional». Así, Pedro de Alcocer.[6] En verdad es la que aún hoy puede servir mejor para identificar a la ciudad. Es la que dan la generalidad de las guías y la que demuestra bastante continuidad en la distribución del caserío.[7] El escrupuloso doctor Francisco de Pisa escribía: «Es el asiento desta ciudad alto, áspero, firmíssimo y inexpugnable, por ser fundada sobre una alta montaña de dura y fuerte peña del tamaño della misma, cercada casi en torno del famossísimo Río Tajo, que a la forma de una herradura, cerca la mayor parte de ella, cuyos callos o extremos son la entrada y salida del, que por una pequeña distancia se apartan el uno del otro, quedando esta Ciudad en medio a manera de ysla».[8] El mismo autor (estamos en 1605) señala que la montaña tiene *varias alturas* desiguales, *tres* o *cuatro* cerros, entre los cuales destacan los de San Román, San Miguel el Alto y el tercero cerca de la iglesia de San Cristóbal, dando lugar al barrio que lleva el nombre significativo de «Montichel», nombre que viene claramente del latín «monticellus». Este barrio era poco apreciado por lo pino. La cuarta altura es la del Alcázar.[9]

Pero por la misma época en que vivió Pisa vivía también un hijo de la ciudad (del que volveré a tratar muchas veces) tan entusiasta de ella que forjó cantidad considerable de documentos para enaltecerla y glorificarla: me refiero al padre Jerónimo Román de la Higuera (1551-1623). Éste se preocupó del tema de las alturas y ayudado por alguien que debía ser topógrafo, dio pie a que los cuatro cerros mencionados se convirtieran en siete colinas, como las de Roma: cosa que a un católico ferviente le debía parecer que dignificaba a la ciudad. La semejanza de la segunda capital de la cristiandad con la primera se hacía mayor. He aquí que la subida de cuatro a siete se halla justificada en un papel que se encuentra en la masa de los que dejó manuscritos el jesuita famoso y en un volumen, conservado en la Real Academia de la Historia, en que se afirma que Toledo está asentada, en efecto, sobre siete montes, que no tienen nombres ilustres como los romanos, pero que sí contienen monumentos famosos.[10] Este papelito lo debió escribir su autor para someterlo al juicio de Román de la Higuera, que lo debió acoger entusiasmado. Toledo se parecía a Roma. Por otra parte tenía relación con Jerusalén. ¿Qué más se podía pedir? El jesuita hizo que la idea se extendiera. En el siglo XVII es repetida, sin que, a veces, el que la repita dé referencia de dónde y de quién la toma. Se ve claro, por ejemplo, que el conde de Mora conocía el papel recogido por su admirado Román de la Higuera.[11] Lozano le sigue. En una ocasión se refiere a siete lomas.[12] En otra, de forma menos poética, habla de «las siete berrugas que comprehende el apiñado monte en que está sita Toledo».[13] Más tarde le siguen Parro[14] y Antoine de Latour.[15]

Digamos ahora, antes de proseguir, algo acerca de lo que sacó en consecuencia el padre Román de la

Higuera de este «paralelismo topográfico». Según el conde de Mora, que se basa en la primera parte, libro II, capítulo XXII de su *Historia eclesiástica*, había otros muchos paralelismos entre la primera y la segunda ciudad de la cristiandad. Siete colinas en las dos para empezar. «Barrio Nuevo» en la una, «Vicus Novus» en la otra. «Zapatería» y «Chapinería» en Toledo, «Sandaliario» en Roma. El «Alfahar» corresponde al «Vicus Floxinus». Las «Tendillas» al barrio de los Taberneros, etc., etc.[16] Vemos, pues, que ya en el simple análisis topográfico hay materia para empezar un proceso de idealización que veremos repetirse, pero que culmina de fines del

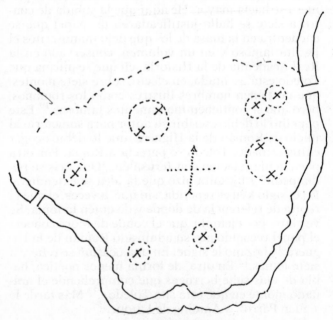

Las siete colinas de Toledo,
según el padre Jerónimo Román de la Higuera

siglo XVI a mediados del XVII y que es de un curioso barroquismo mental.

En todo caso, siguiendo el texto copiado, si se examina un plano de Toledo se advierte que en el conjunto pétreo bordeado por el Tajo en su gran bucle o «herradura» se sitúan los puntos más altos de referencia, a partir del Alcázar al este, bajando luego hacia el sur, suroeste, subiendo después al noroeste y al norte, para concluir con el séptimo núcleo, que está a septentrión del mismo Alcázar, como se ve en el esquema.

¿Qué sabemos de los orígenes de tal asentamiento? Mucho según leyendas, tradiciones y textos medievales renacentistas y barrocos. Poco según los más antiguos. Empecemos con éstos.

2. *Toledo, acrópolis carpetana y ciudad hispanorromana*

La curva cerrada que describe el río en torno al bloque pétreo y sus montículos fue, sin duda, el mayor elemento significativo que tuvo en cuenta el pueblo carpetano para construir la acrópolis que fue Toledo en su fase histórica primera. Toledo es una ciudad como otras del Mundo Antiguo, bien preparada para la defensa. La causa original de su creación gravita sobre ella a lo largo de los siglos, puesto que aún hoy el Alcázar (que no está donde hubo otros antes, pero sí en zona fortificada antiguamente) es uno de los principales puntos de referencia al tratar de la ciudad y su forma.

Según lo que se sabe, la primera mención de Toledo en un texto histórico se encuentra en Tito Livio, con referencia a hechos del año 193 a. de J.C. Dice el historiador latino, siguiendo a Antias, que el general romano M. Fulvio por entonces llevó a cabo acciones notables, luchando cerca de «Toletum» con una confederación de pueblos vacceos, vettones y celtíberos, a los que derrotó y dispersó, haciendo prisionero a un rey llamado Hilerno o Ilerno.[17] Un año después vuelve a aparecer el nombre de la ciudad, con el de sus habitantes. La ciudad es calificada de «parva urbs», es decir pequeña, se la coloca sobre el Tajo («Tagus») y se afirma que es *fuerte por su situación*. Fulvio la pone sitio y los vettones vienen a ayudar a los «toledanos» («toletani»), pero al fin huyen y la ciudad es conquistada.[18] Algunos años después, sin embargo, el 185 a. de J.C., hay memoria de que los romanos experimentaron una derrota en su territorio.[19] El río es siempre fundamental al referirse a ella. Plinio el Mayor al enumerar las poblaciones del convento cartaginense dirá: «Carpetaniae Toletani Tago flumini impositi».[20]

Dentro del área actual castellano-extremeña la provincia de Toledo tiene sólo dos más meridionales: Ciudad Real y Badajoz. La capital queda bastante al centro de ella: pero de modo continuo se la ve más presionada por toda clase de elementos, (étnicos, políticos, culturales), que le vienen del mediodía y de oriente y no del septentrión. Sólo es excepción el período de la monarquía visigótica, que se llama *toledano* precisamente y que corresponde a tiempos en que los visigodos fueron empujados hacia el sur por otros pueblos germánicos: los francos. Este «meridionalismo» y «orientalismo» de Toledo, le da también su aire mediterráneo. Sin embargo, el nombre mismo de la ciudad se considera relacionado con otros del área céltica en los que aparece un elemento «tol-» como ocurre con «Tolosa» de Francia, el de los «tolistobagioi», el teónimo «Toleandosso», el nombre «Tolenus», etc.

En Hispania hay «Tolobis».[21] Ptolomeo pone a la ciudad, que en Plinio es estipendiaria y que está en la España cartaginense, entre las de los carpetanos, como va dicho.[22] Se trata —repito también— de una

18

vieja acrópolis. Pero durante el Imperio romano parece haber experimentado un desarrollo que no tiene nada de extraordinario, como sí lo tiene el de tiempos inmediatamente posteriores. «Toletum» es una conocida ciudad hispano-romana, pero sin la importancia de Tarragona, Sevilla o Mérida, a la que llegan todos los elementos de la vida imperial.

Ya algún historiador del siglo XVI refleja las indagaciones hechas acerca de sus antigüedades romanas. Así, Pedro de Alcocer se refiere al edificio de la Vega como si se tratara de un circo. Interpreta el nombre de la puerta de Visagra, o Bisagra, como derivado de «Via sacra».[23] El doctor Pisa es algo más abundante, aunque siempre sigue mucho al anterior.[24] Pero luego hay una verdadera explosión informativa: las noticias justas se mezclan con otras inventadas. Todo se magnifica. Entre las obras impresas, la más ilustrativa a este respecto es la de don Pedro de Rojas, conde de Mora, hombre predispuesto a creer en todo lo más fantástico que quepa imaginar y que usó abundantemente de las ficciones del padre Jerónimo Román de la Higuera, por el que tenía gran admiración, según va dicho.[25] El conde escribe largo y tendido sobre el circo y los juegos circenses, el templo dedicado a Hércules, el teatro o anfiteatro, transcribe inscripciones, reproduce monedas. El padre Román de la Higuera es su punto de apoyo mayor.[26] Lozano, como siempre, sigue a Mora, abreviándolo.[27]

En el siglo XVIII se precisó lo que había de real en esta información por eruditos con la crítica propia de la época. Gran parte de ella la recoge don Antonio Ponz,[28] y los autores del siglo XIX realizan síntesis de aquello que quedaba más claro y concluyente, como se ve en los textos de Parro y Amador de los Ríos,[29] que sólo tratan del tema de modo «apendicular». «Toletum» queda en una vía que une a Mérida («Emerita») con Zaragoza («Caesaraugusta»): eje fundamental en la España romana de noroeste a suroeste.[30] Dada su posición, fue dotada de puentes (los puentes son siempre algo fundamental en su vida), un largo acueducto y tuvo circo y otros monumentos públicos civiles y religiosos. Más modernamente se ha comprobado que en la Vega, el mejor espacio agrícola pegado a la ciudad, existían «villas», como en los alrededores de otras ciudades imperiales, con magníficos mosaicos, como los de escenas navales y representaciones de animales acuáticos, que corresponden al siglo III.[31] Se señala también la existencia de un núcleo cristiano viejo, documentado por sarcófagos. Uno empotrado en la «Puerta del Sol». Otro, de Layos, se conserva en Santo Domingo el Real. Corresponden a comienzos del siglo IV y aunque muy diferentes entre sí son de arte bastante delicado. Reflejan un conocimiento normal tanto del Antiguo como del Nuevo Testamento.[32] Del año 193 a. de J.C. al 300 después, transcurren casi quinientos años de desarrollo de una vida que podríamos definir como provincial, sin amenazas exteriores.

La ciudad no ha dado tantas inscripciones romanas como otras. Hübner no recogió arriba de cinco,[33] amén de otras cuantas en pueblos cercanos. La más importante hace a los toledanos devotísimos, allá por el año 245 d. de J.C., época de Filipo el Árabe, emperador efímero.[34] Otras dan nombres repetidos en la España romana. Pese a su escasez, puede conjeturarse algo interesante al considerarlas. En primer lugar la aparición del nombre «Pompeius», que también se da en el territorio de los vascones, podría reflejar la existencia de gentes adscritas al grupo del rival de César en las guerras civiles y, por lo tanto, cierto conservadurismo. Por otra parte, la de nombres griegos acaso refleja una aportación oriental a la población de la tierra,[35] que también queda expresada en el nombre de la mártir principal de la ciudad: santa Leocadia. Es, precisamente, a partir

20

del triunfo del cristianismo cuando acaecen una serie de hechos a consecuencia de los cuales «Toletum» se convierte en algo muy distinto a lo que era: se magnifica. Tanto desde el punto de vista religioso como desde el político, desempeña papeles fundamentales. La importancia adquirida hace que después se magnifiquen también sus orígenes. Lo de la «parva urbs» carpetana no basta. Tampoco lo de la ciudad romana provincial. Durante cientos de años se van forjando unas «historias» fabulosas en punto a la fundación de Toledo, de las que ahora vamos a tratar del modo más ordenado que sea posible.

3. La magnificación de sus orígenes

Una de las actividades que ocuparon más a los llamados «logógrafos» griegos fue precisamente la de estudiar los orígenes y fundación de las ciudades (κτίσεις).[36] Esta actividad produjo, claro es, muchas fábulas. Pero la verdad es que luego, siglo tras siglo, ha seguido dándose, y con frecuencia con el mismo carácter fabuloso. Cuanto más ilustre sea la ciudad, más fantasías se han solido tejer en torno a sus orígenes: unas completamente «desinteresadas», otras que reflejan un designio particular en defensa de algo concreto. Acaso lo que se ha dicho y escrito acerca de los orígenes de Toledo sea de lo más ilustrativo en relación con este tema de alcance histórico general. También en punto a aclarar qué clase de razonamientos se han utilizado para defender ciertas tesis fantásticas.

Según se perfila ya en el siglo XVI (y se repite hasta el XIX), acerca de la fundación de Toledo se han sustentado las opiniones siguientes, dejando a un lado lo que dijeron los árabes, sobre lo que se indicará luego algo.

1.º) La de que la fundó un misterioso rey venido

«de las partes orientales», llamado Rocas. (En la *Crónica General.*)

2.º) La de que el fundador fue un hijo del rey de los «siciones», venido también de fuera.

3.º) La de que la fundaron los «almonizes», o mejor «almonides», de origen griego.

4.º) Que se trata de fundación romana, de los cónsules Tolemon y Bruto o «Brutus»: el nombre de la ciudad se establece así tomando las dos sílabas primeras del primer nombre y la última del segundo. Esto sostenía en *De rebus Hispaniae* el arzobispo don Rodrigo Jiménez de Rada, el cual precisa que el hecho ocurrió ciento ocho años antes del mando de Julio César.[37] Los historiadores árabes dicen que ya era conocida en tiempo de los césares y algunos fantasean de lo lindo: pero sus textos fueron conocidos y divulgados muy tardíamente.

5.º) Que es fundación griega y que el nombre viene de Ptoliethron, la ciudad por antonomasia (?). Opinión del canónigo del siglo XVI, Blas Ortiz. La tesis tiene dos expresiones: porque unos afirmaban que era fundación de Hércules libio (el mayor) y otros de cierto gran astrólogo llamado Farecio, que vio por las estrellas la excelencia del emplazamiento de la ciudad, asentándose en ella y dedicando a Hércules la cueva famosa 1.200 años antes de J.C., ni más ni menos. De esta suma de pareceres da ya cuenta Pedro de Alcocer.[38] También de la que sigue.

6.º) Una opinión muy extendida es la de que la fundaron los hebreos. Pedro de Alcocer da la versión de que un fabuloso rey griego Pynrrus, reinando en España, fue llamado por Nabucodonosor para que le ayudara a combatir a los hebreos mismos y que tras la cautividad trajo muchos, que eran sapientísimos y que civilizaron a los nativos. Esto arranca de la tradición hebrea y, como indica Pilar León Tello, en su inmensa obra acerca de los judíos de Toledo, se halla expuesto en una obra de Ibon Verga, que, a

22

su vez, se inspira en un texto que se encuentra al final del comentario al libro de los Reyes de Abrabanel.[39] Los historiadores católicos del siglo XVI apoyan la tesis, que, en parte, arranca también de la *Crónica General*,[40] y dicen que de entonces dataría ya la fundación de Santa María la Blanca[41] en la capital; había otros pueblos con nombres hebraicos como Escalona (de Ascalon), Maqueda (de Maceda), Nones (de Nobe), Yepes (de Yope), Aceca, etc.[42] El padre Mariana ya puso reparos a esto.[43] Pisa lo acepta[44] y después, siempre con la sombra de Román de la Higuera y sus cronicones inventados detrás, lo dan como establecido varios: alguno piensa sin embargo que su primer fundador fue Tubal o, variante de esta versión, que la poblaron gentes de los ejércitos de Nabucodonosor, llamándola «Toledoth», que significa generaciones, por haber concurrido al asentamiento caldeos, persas, judíos, etc. Esto lo sostuvo Garibay, muy relacionado siempre con Toledo, utilizando parecer de Arias Montano, según dice,[45] e incorporando lo que ya sostenía Alcocer de que ya existía antes del Diluvio Universal. El conde Mora se contentaba con Tubal, al que atribuía la construcción (y no a Hércules) de la famosa cueva de San Ginés. Toledo sería corrupción de «Tubleto». Tubal tendría a su lado a cierto sobrino (aquí entra la mano de Román de la Higuera en los «adversarios» de Julián Pérez)...[46] Sobre lo de Nabucodonosor, que aquí parece fábula, vuelve después, y fábula por fábula hay que seguir adelante con todas, porque lo que interesa es el mismo proceso de fabulación. Volvemos a los judíos pobladores,[47] los nombres supuestamente hebraicos de poblaciones toledanas.[48] El caso es que todo esto se encuentra reflejado todavía en las obras del siglo XIX, sin que se haga otra reserva que la de indicar que se trata de «opiniones».[49] Son, en realidad, «mitificaciones» que reflejan un ideal clásico, greco-romano, las unas, y un ideal hebreo las otras, como la desarrollada por Garibay, que, dicho sea de paso, apoya intereses fundamentales de la población de origen judío de los siglos XVI y XVII. Dejemos a un lado a la «parva urbs» carpetana, más o menos céltica o ibérica. Los hebreos son los fundadores reales de la ciudad, en ella se usa su lengua desde el principio. Pasan los siglos. Llega el momento de la condena de Cristo; los judíos toledanos no están de acuerdo con los de Jerusalén. Escriben una carta de protesta, que se conserva, se copia y recopia. Aquí otra vez Román de la Higuera «construyó» el aparato documental que confirmaba las tradiciones. Tanto en Dextro como en Julián Pérez. El conde de Mora utilizó los cronicones en que creía ciegamente y el texto manuscrito del jesuita en su referida *Historia*...[50] Los judíos también piden que vengan instructores de la fe y son los que reciben a Santiago[51] y a sus discípulos con mayor fervor. Las falsificaciones pretenden dar «autenticidad» a relatos tradicionales. No ha de chocar que autores de ascendencia judía, como el pobre Rodrigo Méndez Silva, al tratar de Toledo y sus orígenes, recogieran lo que sostuvo Garibay y repitieron otros y que hasta copiaran entera la traducción de la carta supuesta de las autoridades de Toledo a las de Jerusalén en punto a la muerte de Cristo, que se dice mandada traducir a romance por orden de Alfonso VI.[52] ¿Qué queda de todo esto? Los eruditos del XVIII lo desmontan.

Ya el padre Flórez hizo una buena purga de historias fabulosas y dijo de las antigüedades de Toledo lo que en buena crítica se podía decir.[53] Pero los autores románticos, sin darle crédito, recogen lo anterior. Es evidente que a visitantes y viajeros lo del orientalismo les fascina. A otros todavía más el hebraísmo. Aún hoy. Resultan así numerosos los que se han sentido movidos a visitarla y escribir sobre ella por esto. Lo árabe, lo gótico, incluso lo renacentista y barroco, quedan en segundo plano. Sin embargo, tanto en calidad como en cantidad, lo cristiano prima. Por otra parte, las huellas del Islam son muy fuertes. No todas positivas, según algunos. En el tantas veces citado texto del doctor Pisa se dice que «el aver quedado algunas calles angostas, torcidas, y con veynte rebueltas, es uno de los daños que los Moros causaron en aver tantos años posseydo y habitado esta insigne ciudad; y de suerte que como deziamos en el cap. II despues de la ruyna y ausencia de esta gente, nunca a cobrado del todo el lustre y hermosura de calles, que los Romanos y los Godos dexaron en ella».[54] Supone el autor la existencia de una Toledo ordenada a la clásica que es difícil de reconstruir e imaginar. Proverbialmente se dirá: «Para nieblas, Valladolid; Toledo para cuestas; y para lodos, Madrid».[55]

De este refrán hay eco en textos literarios de carácter burlesco. En *La paloma de Toledo* de Lope aparece un gracioso, Galván, que es caricatura de los arbitristas de la época del poeta, el cual dice que tiene, precisamente, un arbitrio para librar a la ciudad de las cuestas que proverbialmente la caracterizaban. Doña Violante le pregunta: «Y de arbitrios, ¿cómo va?» Y él responde:

> Búrlaste, pues quitar puedo
> la niebla a Valladolid
> y los lodos a Madrid
> y las cuestas a Toledo.[56]

Quevedo, que dio una imagen burlesca de Toledo, dice por su parte:

> Vi una ciudad de puntillas
> y fabricada en un uso
> que si en ella bajo, ruedo,
> y trepo en ella si subo.[57]

Pero de la forma y ordenación de la ciudad puede decirse algo más interesante que estas bromas, y que es esencial en su historia.

1. *Obras...*, XVIII (B.A.E., continuación, CXCVII), p. 391 a. También en *Los palacios de Galiana* hace decir a Audala:
«Primero,
veré Toledo, cuyo gran distrito
el Tajo baña en forma de herradura». *Obras...*, XXVIII (B.A.E., continuación CCXXXIII), p. 374, a.

2. Pedro de Medina, *Libro de las grandezas de España*, fol. 85. (capítulo LXXVIII).

3. «Relación de los sucedido en la armada de la Sācta liga...», 2 folios impresos por los dos lados. En un volumen en que todo lo demás son manuscritos, *Varios de Historia*. Sección de ms. de la Real Academia de la Historia, 9-5956, fols. 132-133.

4. Buena reproducción en Alice y Marc Flament, *Toledo...*, pp. 194-195.

5. Reproducción excelente en G. Marañón, *El Greco y Toledo*, entre las pp. 36-37 (fig. 4).

6. Alcocer, *Historia...*, fol. X r. (libro I, capítulo IV).

7. *Todo Toledo*, pp. 8-9. P. Riera Vidal, *Un día en Toledo*, fol. I etc.

8. Pisa, *Descripción...*, parte primera, fol. 9 vto. (libro I, capítulo I). Por su parte, el padre Mariana, *Historia de España*, libro XVIII, capítulo XII, como VII de la ed. de Madrid, 1841, p. 75 a-b, dice, refiriéndose al Tajo: «Este gran río, como con un compás, rodea las tres cuartas partes de la ciudad, corre por la parte del Levante, y revuelve hacia Mediodía y Poniente».

9. Pisa, *Op. cit.*, parte primera, fol. 26 vto. (libro I, capítulo XVI).

10. En un volumen que lleva al lomo el título de *Varios Papeles M.S. T-5*. La signatura actual es 9/471. Al fol. 62. Corre de esta suerte: «Yo allo q̄ ay en Toledo siete mōtes porq̄ de muchas partes se sube a ellos y los dividen calles q̄ ban por los balles entre ellos.
1 — primeramente el de el alcazar y san miguel q̄ esta entre dos calles q̄ llegan a zocadover la una es la calle del carmen y puerta de doze cantos. La otra la de la zapateria plaza mayor triperia y baño de zenizar y picazuelo.

2 — el segundo es el de san andrés q̄ esta entre parte desta dicha calle y la calle q̄ baxa desde la plazuela del leon y la a san sebastian y al rio.

3 — el tercero es montichel q̄ contiene casi san cristoval y san cebrian y llega asta las casas del marq̄s.

4 — el quarto el barrio nuebo contiene a sā jun de los Reyes y san antonio de padua divide la calle q̄ ba desde la plaza de santo tome a la puerta del cambrō.

5 — el quinto es el de San Roman bal de caleros Santo domingo el biexo orazellos Santa Catalina arzobispales trinidad santo domingo el Real ynquisición dividele la calle q̄ ba a la # de san vicente.

6 — el sexto contiene la # herrerías y san nicolas y casa de moneda asta la calle de las armas y puerta de perpiñā.

7 — el septimo contiene santa fe ospital la conzemcion el carmen cc. Bea r pᵈ si le cōtenta esta división.»

11. *Historia...*, I, p. 77 (parte primera, libro II, capítulo VII).

12. *Reyes Nuevos...*, p. 1, b (libro I, capítulo 1).

13. *Ibid.*, p. 47, a (libro I, capítulo VII).

14. Parro, *Toledo en la mano*, I, p. 1

15. *Tolede et les Gords du Tage*, p. 5, con el símil de Roma. Antes, Richard Ford, en su buen trabajo sobre Toledo, en *A Handbook for travellers in Spain*, 2.ª ed., Londres, 1847, p. 482 a.

16. Mora, *Historia...*, I, p-78 (parte I, libro II, capítulo VII).

17. Schulten, *Fontes Hispaniae Antiquae*, III, Barcelona, 1935, XXXV, 7, 6, p. 196.

18. *Ibid.*, III, XXXV, 20, II, p. 197.

19. *Ibid*, XXXIX, 30, 1

20. «N.H.» III (3) 25.

21. Mela II, 90.

22. *Ibid.*, II, 6, 56.

23. Pedro de Alcocer, *op. cit.*, fol. XIX r. (libro I, capítulo XVI).

24. Pisa, *op. cit.*, primera part, fols. 17 r.-18 r. (libro I, capítulo VIII).

25. Mora, *op. cit.* I, pp. 47-50 (parte I, libro I, capítulo XIV) hace su encendida defensa.

26. *Ibid.*, I, pp 158-181 (parte I, libro I, capítulos VII-XIII).

27. *Reyes Nuevos*, pp 16-21 (libro I, capítulo III).

28. *Viage de España*, 3.ª ed. I, Madrid, 1787, pp 209-211 (acueducto) con lámina. Camino romano a la p. 211. Circo, pp 212-213. Templo de Hércules, p. 214. Ruinas de las Covachuelas, p. 215.

29. Parro, *Toledo en la Mano...* II, pp 641-650. Amador de los Ríos, *Toledo pintoresco...*, pp 322-336.

30. «It. Ant.» 438, 7 y 446, 7. La referencia del Ravenate, 4, 44 p. 312, 10, debe provenir también de un itinerario.

31. Foto en Blas Taracena, «Arte romano», volumen II de *Ars Hispaniae*, Madrid, 1947, p. 158, fig. 150.

32. Foto en Blas Taracena, *op. cit.* p. 207, fig. 208.

33. C.I.L., II, 3073-3077 (p. 417, a-418 a)

34. C.I.L., II, 3073

35. Surge una «Annia Diodora» en Escalonilla. (C.I.L. II, 3079) y en Villamanta un «Laesymachus» (por «Lysimachus»: C.I.L. II, 3084). También hay una referente a un «Ifitus» o «Hymnus» CIRMVS: C.I.L. II, 3086). «Pompeio Peregrino» C.I.L. II, 3076.

36. Julio Caro Baroja, *La aurora del pensamiento antropológico*, Madrid, 1938, p. 39.

37. Libro I, capítulo III; p. 8 de la ed. de Madrid, 1793.

38. Pedro de Alcocer, *op. cit.*, fols XI r.-XV r. (libro I capítulo V-X).

39. Pilar León Tello, *Judíos de Toledo* I, Madrid, 1979, p. 4.

40. Garibay, *Los XL libros del Compendio historial*, I, pp. 130-131 (libro V, capítulo IV) se extendió sobre todo esto.

41. Pedro de Alcocer, *op. cit.*, fols. XIV r. XIV vto. (libro I, capítulo X).

42. Ver en Garibay, *Los XL libros...* I, pp. 130-132 (libro V, cap. IV).

43. *Historia de España* libro I, cap. XVII, tomo I de la edición Madrid, 1841, p. 54, a.b. La considera «muy célebre en los libros de los hebreos».

44. Pisa, *op.cit.* fols. 12 r.a. 13 vto. b (primera parte, libro I, capítulos III y IV).

45. En el lugar citado anteriormente. Ver también Pilar Léon Tello, *op. cit.*, I, p. 5.

46. Mora, *Historia...* I, pp. 72-73 (parte I, libro I, capítulo V).

47. *Ibid.* I, pp 119-120 (parte I, libro II, cap. XXII).

48. *Ibid. Historia...* I, pp. 125-130 (parte I, libro II, cap. XXIV). Resumen en Lozano *Reyes Nuevos...* pp. 2, G-3, a (libro I, cap. I).

49. Parro, *Toledo en la mano*, I, pp 3-5. Amador de los Ríos, *Toledo pintoresca*, pp. 1-2.

50. Mora, *op. cit.* I, pp. 266-271 (parte I, libro IV, cap. V).

51. En Dextro, edición de Rodrigo Caro, Sevilla, 1627, fols. 10 r., 15 rto.-16 r.

52. Méndez Silva, *Población general de España*, fols. 10 rto. a II r.a.

53. *España Sagrada* V. pp. 158-169. Sobre la antigüedad del cristianismo, pp 170-204.

54. Pisa, *op. cit.*, fol. 26 vto., a (primera parte, libro I, capítulo XVI).

55. Martínez Kleiber, *Refranero ideológico...*, Madrid, p. 317, c (n.º 28.045).

56. *Obras...*, XXII, (B.A.E., continuación CCXIII) p. 278 a (jornada I).

57. Esto en el itinerario de Madrid a la Torre de su señorío. *Obras...* III (B.A.E., LXIX) p. 209, b (n.º 525).

II. La ordenación del espacio urbano

1. *Continente y contenido*

Si se compara una vista de Toledo antigua con una fotografía moderna, hecha desde el mismo lugar (por el sur), no se notan los grandes cambios que pueden observarse haciendo comparación similar en otras ciudades, como, por ejemplo, Madrid. Su peculiar ordenación del espacio ha durado: pero el concepto de «ordenación», aunque se halle presente para muchos naturales y forasteros al contemplar la ciudad, no se ha analizado de modo preciso a mi juicio.

La primera impresión es abigarrada. Don Cristóbal Lozano dirá que al monte, con las siete lomas, «desde la falda en contorno le van vistiendo sus casas, sus calles, y sus cercas, éstas fuertes y aquéllas tan apiñadas, que rematan en forma piramidal, y de su apretada piña...». Así como las pirámides son tumbas faraónicas, Toledo es tumba de reyes, y si la mayor riqueza de las Indias son sus piñas de oro, Toledo es algo aurífero por todos conceptos.[1] Toledo no es, sin embargo, una pirámide, ni una piña, pero sí cabe afirmar que, aparte de tener la cerca natural del río, es un recinto fuertemente cercado por los hombres de épocas distintas y que, dentro de él, el espacio está repartido de modo muy distinto a como se reparte en los recintos urbanos modernos. Las ciudades antiguas son algo cerrado y, como decía Juan Pablo Richter, nos sugieren ideas relacionadas con la poesía bélica, mientras que las aldeas y villas pequeñas hacen pensar en idilios y en poesía lírica. La ciudad es algo cerrado, como una casa. Dentro de ella el contenido es vario: pero es visible que en Toledo domina la parte dedicada a la religión. El que cabe llamar «espacio religioso» es el mayor. El que, siguiendo este orden, podemos llamar «espacio bélico» está también fuertemente expresado por murallas, torres, defensas, puertas de acceso, el Alcázar. Menos perceptible es el que podría denominarse «espacio aristocrático», compuesto de palacios y casas nobles. En cuarto lugar estará el «comercial» y «artesanal», que crece en unos cuantos sentidos, pero que en otros tiempos se hallaba mucho más claramente ordenado que ahora, como se verá. Aun cabe hacer referencia a otro u otros espacios que en la historia de la ciudad han tenido gran significación. Me refiero, en primer lugar, a los que podrían definirse como «espacios mágico-legendarios», objeto siempre de la atracción popular, creación a veces del mismo pueblo y motivo de elaboraciones poéticas. En segundo, a los «espacios exteriores» o «circundantes», con significaciones muy concretas (trabajos especiales y placer).

2. Espacio bélico

Por razones tanto formales como históricas, conviene desarrollar el resto del contenido de este capítulo llevando a cabo primero el análisis del «espacio bélico» que forma a Toledo, constituido por el mismo recinto de la ciudad, y recordando, en lo que cabe, sus cambios de forma y de significación. Hemos visto que Toledo era una pequeña fortaleza doscientos años antes de la Era. Cabe suponer que tuviera su cerco o fortificación. Después aumenta. Desde hace mucho, los historiadores y arqueólogos toledanos han estudiado el desarrollo en época romana, visigótica y arábiga y, en fin, cristiana, hasta el siglo XVI. Pero hay que reconocer que con discrepancias sensibles. Unos se refieren a textos, otros quieren atenerse a las huellas materiales estricta-

31

mente y no hay armonía.[2] Parece probable, de todas maneras, que se constituyera un primer núcleo fortificado en la parte oriental de la ciudad, que se indica en el esquema. Existen restos de murallas hechas con grandes bloques de piedra, sobre todo en la parte cercana al puente de Alcántara.[3] Zocodover quedaría dentro del recinto.

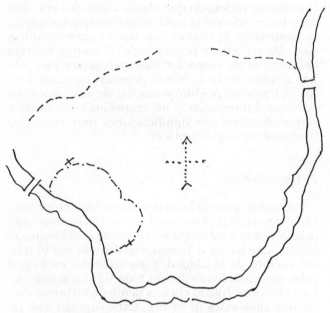

Área más antigua de Toledo, como acrópolis

Hacia el oeste de la plaza había memoria de puertas propiamente dichas que correspondían a salidas antiguas que quedan dentro del casco urbano actual. El doctor Pisa lo atestiguaba con estas palabras: «Saliendo del arrabal a la puerta y hermita antigua llamada de la Cruz se ofrece la torre y puerta del Rey Aguila, y el muro Azor, que es el que va dar delante de la granja y el monasterio de Santa Catalina, y sube a Santo Domingo el Real; y la torre de Alarcón con otra puerta como suben a Zocodover por el torno de las carreteras. Hase de entender que las puertas sobredichas intermedias, fueron algún tiempo las últimas por donde salían de la ciudad: mas añadiéndose otro muro para ampliarla más, han quedado por intermedias. De aquí suben por la calle de las armas a los latoneros y espaderos, y a la puerta llamada de Perpiñán, por la qual baxan a San Isidro, a la alhóndiga nueva, y a los alfahares donde se hazen las ollas y vasos de barro, y vedriado: y encima de la puerta de Perpiñán es la famosa plaza de Zocodover».[4] Estas indicaciones han sido guía para bastantes autores posteriores, que repitieron también que un sistema general de amurallamientos se realizó en tiempo de los godos, sobre todo en el reinado de Wamba, y que lo que se hizo después no fue más que restaurar o reformar en algo aquel sistema: ampliarlo también un poco en ocasiones. Pero don Rodrigo Amador de los Ríos, en unas páginas muy eruditas pero poco claras que dedicó al asunto, viene a decir que nada de esto es seguro, que los más perceptibles y organizados son los amurallamientos árabes, que éstos tenían un sistema de tres cercas y que había puertas y portillos especiales, para uso de diferentes oficios y que incluso alguna cerca tenía puerta indicadora de que daba acceso a un barrio de la ciudad caracterizado por la naturaleza de los que vivían en él, como la de la Judería. El circuito mayor ha quedado dibujado hasta nuestros días, sobre todo por el norte. También al noroeste con la torre de los Abades y la puerta del Cambrón como puntos de referencia principales. Al oeste con la del puente de San Martín. Pero también al sur de San Sebastián hacia los Rodonderos hay restos de amurallamientos conocidos, sobre el río mismo y, por fin, al este se halla el lienzo de la puerta y el puente de Alcántara donde hay grandes y muy viejos muros de piedras voluminosas, como se ha dicho. El sentido de este amurallamiento, en que los grandes lienzos quedaban separados por torres de plantas diferentes, que con hipérbole se afirmaba que sólo por la banda septentrional eran hasta ciento cincuenta, perdió significación guerrera a comienzos de la Edad Moderna, con el desarrollo de la artillería y las armas de fuego de todas clases. Las murallas a lo largo de los siglos XVI y XVII pierden su fin inicial y aprovechando partes de ellas y destruyendo otras, se construyen edificios civiles y conventos.[5]

Lo que se conserva mejor, se restaura e incluso se replantea del todo, son las puertas de acceso, que, como en otras partes, servían también para controlar las salidas y entradas de la gente, tanto desde un punto de vista policial, como económico. Estas puertas han sido estudiadas y descritas muchas veces y no cabe duda de que constituyen ornamento fundamental del conjunto urbano, hoy como en otros tiempos.[6]

La puerta más septentrional de Toledo es la Visagra o Bisagra *nueva* y un poco al oeste de ella la llamada de Alfonso VI, que, en realidad, es la Bisagra *antigua* o *vieja*. La nueva, en gran parte de mediados del siglo XVI, es de una construcción «imperial» y simbólica, aunque luego quedara en ella un modesto fielato. El contraste entre ella y la vieja es grande, porque en la vieja, tanto por fuera como por dentro, los elementos defensivos están patentes: por ella también se dice que entró Alfonso VI en la ciudad. La nueva se cerraba de noche a fines del XVI y comienzos del XVIII.[7] La Bisagra vieja corresponde a una ampliación del recinto de la época de los reinos de taifas; de entonces eran también la del Cristo de la Luz («Bibmarolom»), la «Puerta de los doce cantos» sobre el río, y la del Cambrón, en que se aprovecha elementos de arquitectura goda con adornos reveladores.[8] Ésta se creía que en su forma primitiva era de la época de Wamba y fue restaurada por el corregidor Juan Gutiérrez Tello, que ordenó también el ámbito exterior de allí hasta la Bisagra misma, en tiempo de Felipe II.[9] La puerta del Cambrón, situada más al sudoeste, no tenía tanta importancia como acceso. Durante el siglo XIX no pasaba por ella más que gente de a pie o a caballo, pero sin carga.[10] En cambio, mas al sudoeste todavía, sobre el Tajo, estaba uno de los puentes también con torres y puertas de más importancia como acceso: el de San Martín, la entrada occidental de la ciudad. En 1203, una crecida terrible del río se llevó uno antiguo, que estaba no lejos, cerca del llamado «Baño de la Cava». Se hizo otro, que fue cortado en la guerra fratricida entre don Pedro I y su hermano don Enrique. Lo restauró el arzobispo don Pedro Tenorio, experimentando una mejora en el siglo XVII y más en el siguiente.[11]

Gran énfasis ponen los autores toledanos antiguos en describir el puente de Alcántara (señalando la tautología).[12] Ya a comienzos del siglo XVII tenía las dos torres y algunas inscripciones con fechas de restauraciones: en una se decía que Wamba había restaurado ya los muros de la ciudad y que los moros en ellos pusieron letreros arábigos. En 1575, siendo rey Felipe II, el ya citado corregidor Juan Gutiérrez Tello los quitó e hizo poner en una torre del puente las imágenes y los versos dedicados a los patronos que ya había puesto Wamba.[13]

Con respecto a puertas, queda por indicar que acerca de la época y fin que se dio a la más espectacular de todas, según el juicio común, que es la puerta del Sol, corrieron tradiciones varias y se emitieron diversas hipótesis[14] haciéndola más antigua de lo que, en realidad, es; los especialistas en arquitectura árabe dicen que es de la época del arzobispo don Pedro Tenorio (1375-1399), el cual hizo florecer extraordinariamente el arte mudéjar. La puerta del Sol es también según ellos más bien un arco de triunfo[15] que un medio de control. Por otra parte, en el recinto amurallado, los árabes ya habían abierto varias puertas y portillos secundarios, de los que hay memoria. Durante toda la Edad Media la fama de Toledo estuvo vinculada en proporción considerable a su fuerza. Era el símbolo del poder máximo. Dice Mariana que «la fortaleza grande de la ciudad, ponía a todos espanto por ser muy enriscada».[16] Dio lugar a leyendas famosas, porque, en torno a la conquista realizada por Alfonso VI, corrieron hasta muchos siglos después, respecto a cómo pudo concebir aquella difícil empresa, leyendas que, dicho sea de paso, resaltan el carácter astuto del rey. Porque, en efecto, vienen a decir que, habiendo escapado de los reinos cristianos y abandonado el hábito impuesto, siendo amigo del rey de Toledo «Almaymón» (que se convierte luego en «Almenón» y «Alimenón»), recibió de él hospitalidad y favor y, estando en la Huerta del Rey, fingió dormir y oyó cómo el rey mismo trataba con sus consejeros acerca de la fortaleza de la ciudad, considerada como inexpugnable. Pero uno sostuvo que, con un cerco de siete años y asolando el territorio circundante, podría ser tomada, por hambre y falta de recursos. Alfonso, cuando el rey moro amigo y su primer hijo murieron, se lanzó a la empresa, siguiendo el método que había oído ser factible cuando el sueño fingido.[17] Esto se repitió una y otra vez y dio tema a una comedia atribuida a Lope, *El hijo por engaño y toma de Toledo*, que parece no es de él.[18] Siempre se dice también que le ayudaron los mozárabes del interior y otras gentes descontentas. La fortaleza de Toledo siguió siendo un símbolo. Si había caído en poder de los cristianos es que éstos eran invencibles.

Toledo se reforzó. El rey, en lo más alto, construyó una gran «alcazaba», con copia de guarnición, para controlar, en gran parte, a la gran cantidad de árabes que habían quedado dentro. Poco a poco, sin embargo, esta población disminuyó. La «alcazaba» (al-qasaba = fuerte) se convierte en «alcázar», en sentido de casa o palacio real.[19] Los reyes de Castilla lo mejoran, siglo tras siglo. Llega como tal a su esplendor con Carlos I, que usa de sus arquitectos mejores. Después del incendio de los portugueses durante la guerra de Sucesión pierde significado. Un arzobispo del XVIII lo restaura de otra forma y funda allí talleres; después, vuelve a militarizarse.[20] Pero ya ni las murallas, ni las puertas, ni el Alcázar vuelven a tener aquella significación antigua que todavía hacía decir al padre Mariana lo antes transcrito.

En tiempo de Felipe II, el alcaide del Alcázar nombraba a los de las distintas torres; pero los de las puertas eran nombrados por el juez o corregidor de Toledo y los de algunas torres particulares por el mayordomo, y esto indica diversidad de funciones y atribuciones:[21] el significado bélico queda disminuido y la muralla sirve de control económico.

3. *Espacio religioso*

En la realidad, ya la conquista de Alfonso VI hace que la ciudad cobre un significado mucho mayor como capital religiosa que como ciudad-fuerte. Toledo queda muy al centro de España, lejos de las fronteras y, por otra parte, poseía una antigua tradición cristiana: sobre todo en punto a cuestiones de «orden» y de administración. Los concilios que se habían desarrollado en ella la expresan mejor que ningún otro hecho. No faltaban mártires, santos y episodios de la vida religiosa importantes de tener en cuenta. Continuidad cristiana también a lo largo de los siglos de ocupación árabe. Alfonso VI crea no sólo una catedral sobre la mezquita, sino también establece su primacía sobre todos sus dominios y la dota de toda clase de riquezas. Si la ciudad queda condicionada en su forma por la fortificación, un espacio muy grande dentro de ella se ve ocupado por el templo, que se va haciendo más fastuoso a lo largo de los siglos y que es otro de los grandes puntos de referencia al caracterizarla. Será también para siempre el centro del «espacio religioso». Éste, en suma, es superior a todos en extensión y significado, del siglo XII al XIX, porque el casco urbano viejo de Toledo ocupa un espacio reducido. En efecto, de norte a sur, desde el borde del Arrabal de Antequeruela hasta el Tajo por debajo de San Sebastián los planos a escala no dan de él arriba de unos mil seiscientos metros y desde el Puente Nuevo al este, hasta el Matadero al oeste, hay algo menos. Piénsese que el Retiro, en Madrid, tiene poco menos de mil metros de ancho y algo más de largo.

La ciudad fue comparada varias veces con una piña: y en efecto, está apiñada. Ha aumentado de población recientemente. En 1970 tenía 44.382 habitantes y a mediados del siglo pasado no llegaba a la mitad. En los momentos de mayor población, se piensa (frente a cifras desorbitadas) que no pudo alcanzar a tener arriba de 50.000 habitantes.[22] Su forma contrasta de modo peregrino con la de la ciudad satélite que se ha hecho al norte del casco viejo en nuestros días y más todavía con los núcleos creados en los alrededores de Madrid, en municipios que hace cosa de medio siglo tenían unos pocos miles de habitantes y ahora sobrepasan a los 150.000, como Leganés. Creció Toledo en un tiempo en altura relativa: pero la silueta del casco antiguo es hoy bastante parecida a la que tenía en el siglo XVI. Los pueblos modernos cercanos han crecido en superficie llana con mayores alturas de construcción y el que los vio hace sesenta años no los reconoce. Los gráficos adjuntos pueden dar idea del contraste. La ciudad antigua está cargada de riquezas de todas clases, no sólo artísticas, sino también documentales, en archivos y bibliotecas. Los pueblos modernos repiten un esquema suburbano. El «espacio religioso» es mínimo, el «bélico» no existe, el «aristocrático» tampoco. De lo «legendario» no hay que hablar. Lo «comercial» es grande. No así lo «artesanal». Tampoco lo estrictamente «cultural».

La disarmonía de las «ciudades dormitorio» modernas y las crisis económicas a que da lugar lo fluctuante de la producción industrial en ellas o su contorno es algo que está a la vista de todos, después de una época de fe ciega en que el desarrollo técnico era constante, homogéneo y seguro.

¿Y las ciudades antiguas? En 1845, cuando don José Amador de los Ríos, escritor tan erudito como altisonante, publicaba su *Toledo pintoresca* comenzaba preguntando a la ciudad: «¿Qué haces ahí, con el semblante triste, roto el hermoso manto de perlas que te cobijaba, despedazada tu corona, escarnecido el riquísimo solio de tus reyes y lanzados del pecho ayes que nadie escucha y suspiros que nadie recoge...?»[23] No es cuestión de seguir. Esta retórica (que se encuentra en otros textos) daba a entender que Toledo era una ruina: cosa falsa evidentemente. No cabe duda de que tampoco estaba en un momento de esplendor. Pero se exageraba su decadencia, partiendo en primer lugar de algunos datos que parecen falsos, exagerados a todas luces. Porque se decía que si, algo después, en 1857, no llegaba a tener 20.000 habitantes, hubo tiempos en que había tenido 200.000, y que se habían destruido muchos edificios altos y desaparecido manzanas enteras de casas y en su lugar se abrieron plazuelas. La emigración patente estaba provocada, sobre todo, por la supresión de comunidades religiosas y el aniquilamiento de las rentas de la mitra y el cabildo.[24] Sobre lo de los habitantes luego se vuelve.

Respecto al achicamiento evidente del poder religioso, en todos los sentidos, cabe recordar que, según la misma obra en que se afirma lo anterior, además de la catedral había *seis* parroquias consideradas mozárabes o muzárabes: las de Santa Justa y Rufina, San Lucas, San Sebastián, San Marcos, Santa Eulalia y San Torcuato. Las parroquias latinas subsistentes eran *nueve:* San Andrés, San Juan Bautista, Santos Justo y Pastor, Santa Leocadia, La Magdalena, San Martín, San Nicolás, San Pedro y Santiago. Pero había además otros *catorce* templos que había sido otras tantas parroquias y a los que se daba diferente uso: San Bartolomé, San Cipriano, San Cristóbal, San Ginés, San Lorenzo, la Magdalena de Azucaica, San Miguel el Alto, San Román, San Salvador, Santa Catalina, Santo Tomás, San Vicente, San Isidoro y la Magdalena en Calabazas. Sobre esto hubo antes *veintiún* ermitas y santuarios que ya no existían y *once* capillas, oratorios y ermitas (algunos muy famosos) subsistentes, más *doce* extramuros. Hasta la supresión de las comunidades religiosas hubo *diez y ocho* monasterios y conventos masculinos y *veintitrés* femeninos. A esto hay que añadir las hospederías, hospitales u hospicios (hasta *quince*), refugios, colegios religiosos, o con significado religioso. Resulta, así, que de los dos volúmenes del *Toledo en la mano* de Parro, el primero, de 853 páginas, se dedica casi todo a la catedral, y que de las 666 del segundo, 448 están consagradas a asentamientos de la índole señalada. Toledo ha sido, pues, durante mucho, en esencia, una *ciudad sagrada*, en la que la supremacía de lo religioso era evidente. Como tal hay que considerarla.

El doctor Pisa ya hacía énfasis en la cantidad de edificios sacros que había y destacaba la «multitud de Yglesias, monasterios hospitales, hermitas, colegios, y lugares píos, de manera que son casi sin cuenta las missas que en ellos cada día se dizen. Y assi podemos sin lisonja dezir, que esta Ciudad es una de las en que ay más lugares sagrados, y en que más obras pías y caridad se hazen...»[25] Toledo ha sido considerada fortaleza inexpugnable. Habría que afirmar que lo fue en dos sentidos, el material o bélico, que arranca de su fundación en tiempos oscuros, y el espiritual. Se convierte en una verdadera «ciudad de Dios» o si se quiere más bien en una fortaleza espiritual. Los historiadores toledanos la comparan con Jerusalén,[26] no sólo por sus fabulosos orígenes, sino también por su permanente significado religioso. Ya veremos también cómo a mediados del siglo XVI las dignidades catedralicias sostenían que era la segunda iglesia de la cristiandad, después de Roma.[27] Esto supone también, claro es, una especial concentración de riqueza, acerca de la cual hay datos, pero no un análisis sistemático. Sabemos, en efecto, que desde la época de la Reconquista las fundaciones y dotaciones de templos se suceden y que la catedral se enriquece. Se dan cifras respecto a rentas y jurisdicciones:[28] más concretas aún acerca del número de personas que se beneficiaban de ellas en los tiempos de mayor esplendor. Por ejemplo, la que da Pedro de Alcocer en el libro publicado en 1554, donde se ve que en la catedral solamente, aparte del arzobispo, había diez y siete dignidades superiores, más cuarenta canónigos prebendados, otros veinte, llamados extravagantes, cincuenta racioneros, cuarenta y ocho capellanes, veinte clérizos «maitinantes», cuatro lectores ordinarios, diez o más cantores extraordinarios y cuarenta «clerigones». Pero además, dentro de ella, las capillas contaban con su personal propio y eran treinta y siete. Bastará con decir aquí que la de San Pedro (la Mayor) tenía dos beneficiados, veinte capellanes, un sacristán y un ministro; la de los Reyes Viejos, trece capellanes y un sacristán como la de los Mozárabes. Todos con «rentas decentes».[29] No es cuestión aquí de hacer sumas. Basta con dar la idea general. En forma burlesca también un gracioso alude a la fuerza del clero en *El Hamete de Toledo*, bárbaro drama de Lope:

> Mejor es andar por llano,
> aunque no lo está Toledo,
> mas no hay de caer el miedo
> que allá por la guerra, hermano.
> Más vale aquí la ración
> de un grande de Jesucristo,
> que cuantas pagas he visto
> en el mejor escuadrón.

dice Corcuera. Beltrán le pregunta:

> Pues qué ¿Grandes hay aquí?

Corcuera aclara:

> Los canónigos son grandes
> desta Iglesia, y no hay más Flandes que servirlos.[30]

En otras partes de este libro se recuerdan otros textos que aluden a su prepotencia. La catedral, siempre, produce admiración por su riqueza, incluso a los viajeros que no se entusiasman con su belleza evidente o que tienen ideas religiosas contrarias al catolicismo.[31]

Puede destacarse también aquí la importancia que tiene el hecho de que así como en otros edificios religiosos se conservaron elementos arábigos o se construyeron por alarifes mudéjares y las sinagogas se convirtieron en iglesias, hubo un momento en que la catedral se construyó de nuevo, derribando la instalada en la antigua mezquita. Esto se fecha en 1227, en tiempo de Fernando el Santo, que estando en Toledo «y pareciéndole indecente a la gran antigüedad, santidad y excelencia desta santa yglesia estar edificada a manera de mezquita, como los moros al tiempo que estuvo en su poder la tenían... ordenó hazerla derribar por el suelo, y fundar otra en el mismo lugar».[32] Es decir que en el caso hay una voluntad absoluta de borrar un pasado, voluntad que coincide con el momento cumbre en la expresión de un ideal cristiano internacional como el «gótico». Resulta así que Toledo tiene uno de los elementos formales más importantes y destacados que es de raíz europea profunda y no sólo hispánica.

Iglesias parroquiales, conventos, hospitales llenan la ciudad. Esto queda hoy expresado para la mayor parte de los visitantes en forma de «arte sacro». Todos los libros que la describen son, en gran parte, catálogos de obras artísticas, que hay a millares y de muy distintas épocas y categorías y con significado también diferente en los tiempos que van del siglo XVIII al nuestro. ¿Quién se ocupaba del Greco hace siglo y medio, si no era para acusarle de extravagante y aun perturbado? ¿Qué decían del barroco los neoclásicos?

El «espacio religioso» se ha convertido en «espacio estético» fundamentalmente. Pero algunos aún queremos verlo con otros ojos. No se trata, sin embargo, de tomar una actitud polémica. No vamos a hacer retórica añorando la antigua religiosidad, ni a felicitarnos porque ésta haya desaparecido. En lo que hay que pensar a la luz de unos hechos patentes a la vista es en cómo podemos imaginarnos del modo más aproximado posible los rasgos de esta religiosidad en tanto en cuanto tuvo una inmensa fuerza creadora. Tampoco se trata de hacer un poema como el dedicado a las ruinas de Itálica, ni una meditación como la de Volney ante las ruinas de Palmira, sino de algo más complicado y con alcance vital, con unos contornos inquietantes y unos rasgos contradictorios, según se mire desde un punto de vista sociológico u otro cultural. El criterio estético nos ayudará algo. No mucho. Porque la cuestión es determinar cómo «funcionaba» la sociedad toledana cuando creó todas estas muestras de fe, cuando se acumularon tantas riquezas y bellezas, y cómo «funciona» desde que terminó el proceso creativo sin que se haya dado la ruina: en otras palabras, cómo se reinterpreta y va a interpretarse en el futuro un «medio» que no es natural, sino artificialísimo y formado a lo largo de los siglos. El alcance antropológico del problema es tal que al intentar resolverlo nos encontramos con cuestiones generales respecto al significado de formas materiales estáticas, funciones sociales y culturales dinámicas y al uso de palabras como estructura y de reglas como aquellas de que se habló en el prólogo. Pero volvamos a los espacios urbanos.

1. Lozano, *Reyes Nuevos...*, pp. 1 C-2, 2 (libro I, capítulo I).

2. Compárese, en efecto, lo que dice Parro, *Toledo en la mano*, II, pp. 496-508, la disertación larguísima de Rodrigo Amador de los Ríos, *Toledo*, pp. 141-160, y Gonzalez Simancas, *Toledo*, pp. 23-24.

3. Fotos en Rodrigo Amador de los Ríos, *Toledo*, pp. 26-27.

4. Pisa, *Descripción...*, fol. 21 vto. (libro I, capítulo X).

5. Pedro de Medina *Libro de grandezas de España*, p. 117, capítulo LXXXVII. Dos cercas y fuertes muros, Passo, *Toledo en la mano*, II, p. 498.

6. Pisa, *op. cit.*, fols. 20 r. - 21 vto. (libro I, capítulo X).

7. *Ibid.*, fols. 20 vto. - 21 r. (libro I capítulo X). Passo, *Toledo en la mano*, II, pp. 508-510.

8. Gómez Moreno, *Ars Hispaniae*, III, pp. 199-201.

9. Pisa, *Op. cit.*, fols. 20 r. - 20 vto. (libro I, capítulo IX).

10. Parro, *Toledo en la mano*, II, pp. 508-515-517.

11. Amador de los Ríos, *Toledo pintoresca*, pp. 196-198. Passo, *Toledo en la mano*, II, pp. 518-521.

12. Pisa, *op. cit.* fol. 21 vto. — 23 r. (libro I, capítulo XI).

13. Todas en Parro, *op. cit.*, II, pp. 521-528. Algunas en Amador de los Ríos, *op. cit.*, pp. 198-201.

14. Amador de los Ríos, *op. cit.*, pp. 289-291. Passo, *op. cit.*, II, pp. 505-508.

15. Torres Balbás, *Ars Hispaniae*, IV p. 341.

16. *Historia de España*, libro IX, capítulo XV, tomo IV de la ed. Madrid, 1841; p. 55 a.

17. Todo esto se narra en la *Crónica General* (ed. de Valladolid, 1604), pp. 211-212, 217-218 y lo transcribe Menéndez Pelayo en la introducción a la comedia que se cita luego. *Obras...* de Lope, XVIII (B.A.E., continuación CXCVII), pp. 26-29. Concordancia entre Don Rodrigo y el Tudense.

18. La comedia en el tomo citado, pp. 355-412. En forma clásica, Mariana, *Historia de España*, libro IX, capítulo VIII, tomo IV, de Madrid, 1841, pp. 33, b-34, b. También leyendas respecto a agüeros. También en los historiadores

toledanos, Pedro de Alcocer, *Historia...* fols. L r.-LI r. (libro I, capítulo LX), y Pisa, *Descripción...*, fols. 147 r.-147 vto. (libro III, capítulo XIV).

19. Lope, en la *Comedia de Bamba*, hace una pintura de Toledo, como de su época, con referencia a la Vega, los palacios de Galiana, la huerta... luego las Vistillas, la puerta del Cambrón, el puente de San Martín, el castillo de San Cervantes y la Visagra o puerta de los gigantes. Del Alcázar dirá Ataúlfo, que es el que hace la descripción al nuevo rey, que es «de labor mosaica» a lo que éste replica: «No es bueno, porque, aun pintado aborrezco lo judaico». *Obras...* XVI, en B.A.E. (continuación, CXCV) p. 317. b (jornadas II). Menéndez Pelayo (introducción, p. 17) dice que fue escrita para ser representada en la ciudad.

20. Amador de los Ríos, *op. cit.*, pp. 127-134. Passo, *op. cit.* II., pp. 547, 566.

21. Hurtado de Toledo, *Memorial...*, p. 509.

22. Véase cap. IV, 1.

23. Amador de los Ríos, *op. cit.*, p. I.

24. Parro, *op. cit.* I, p. 25.

25. Pisa, *op. cit.*, primera parte, fol. 11 r. (libro I, capítulo II).

26. Lozano, *Reyes Nuevos...*, p. 3,6 (libro I, capítulo I).

27. Véase cap. I, 1.

28. Pedro de Medina, *Libro de las grandezas de España*, p. 120, 1. (capítulo LXXVIII) dice: «El Arzobispo de esta ciudad tiene ordinariamente ochenta mil ducados de renta en cada año. Es la mejor dignidad de arzobispado de toda la Cristiandad».

29. Pedro de Alcázar, *Historia...*, fols. XCIX r.-CII r. (libro II, capítulos II y III).

30. *Obras...*, nueva edición, VI, Madrid, 1928, p. 192, G. (acto II).

31. Véase cap. XIII, 2.

32. Pisa, *op. cit.*, fol. 181 vto. (libro IV, capítulo XVI).

III. Más sobre la ordenación del espacio

1. *Espacio aristocrático*

En Toledo se advierte mejor acaso que en cualquier otra ciudad antigua cómo su estructura está condicionada por un primer destino de fortaleza y por su significado religioso. La defensa fluvial, las murallas, el Alcázar constituyen un conjunto organizado o planificado claramente. La posición central de la catedral y la multiplicidad de los templos que constituyen las parroquias y otros dan idea de una ordenación religiosa, también sistemática. El esquema adjunto serviría para comprender este «plan» de modo intuitivo.

Pero claro es que en el recinto famoso viven y han vivido hombres y mujeres, desplegando actividades diversas, distribuidos, según las épocas, de modos

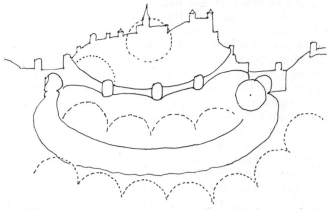

Ordenación espacial de Toledo

47

especiales, condicionados algunos por las actividades mismas, otros por razones de categoría social. La relación de cierto nivel técnico con el plan urbano se observa en Toledo desde tiempos muy antiguos. También la de las actividades económicas más fuertes con ciertos emplazamientos, calles y plazas. En tercer lugar, podemos señalar zonas separadas, como la judería, y espacios propiamente aristocráticos, menos imperiosamente determinados. Tratemos ahora de éstos.

Cuando bastante al comienzo del reinado de Carlos II publicaba el doctor Cristóbal Lozano sus *Reyes Nuevos*, indicaba que Toledo se hallaba desmantelada de muros y edificios, y despoblada; que antes había tenido más población y en consecuencia muchas más familias *nobles* y de *caballeros;* Madrid las había absorbido. No era gran consuelo sostener que la corte, en realidad, no era más que un arrabal de Toledo misma.[1] De la antigua población y de las glorias aristocráticas se contaban cosas fabulosas. Por ejemplo, que en la época del rey godo Égica, sólo en un trimestre nacieron en Toledo 10.438 criaturas y que a la boda de don Rodrigo concurrieron 50.000 caballeros españoles.[2] En torno a la antigua nobleza toledana se crea toda una mitología que, como siempre, sistematizó el padre Jerónimo Román de la Higuera, en obras que quedaron manuscritas. En ellas pretendía establecer una continuidad desde épocas del Imperio romano hasta la suya, utilizando inscripciones más bien falsas que auténticas, textos también forjados o relacionando con artificio todo lo que le convenía al efecto.[3]

Su designio tenía un fundamento en la misma sociedad toledana. Había, en Toledo, un elemento de la población que apoyaba la tesis del jesuita respecto a la continuidad. Cuando Alfonso VI conquistó la ciudad se encontró con que en ella vivían cristianos, a los que los musulmanes habían tolerado y que tenían sus ritos y templos. El rey les conservó usos y privilegios: eran los mozárabes o «muzárabes». Aún hoy día se conservan, como va dicho, las iglesias parroquiales de los mismos y una capilla en la catedral. Para los toledanos de los siglos XVI y XVII constituía gran honor pertenecer a varios linajes adscritos a tales parroquias. En los archivos catedralicios y otros se conservaron muchísimos documentos de ellos, que pasaron luego al Archivo Histórico Nacional de Madrid. Los mozárabes, sin embargo, habían experimentado una fuerte arabización, de suerte que escribían todos sus documentos en caracteres y lengua árabes. Fue mérito de don Ángel González Palencia publicar en cuatro gruesos volúmenes este tesoro que llega a los comienzos del siglo XIV.

Por él sabemos mucho de su vida y de los lugares que habitaban y vemos que, en general, eran gentes dedicadas a actividades comerciales y artesanales que luego continúan repartidas por toda la ciudad. Muchos de ellos aparecen con nombre árabes. Otros los tienen dobles. Así en 1115 se lee en un documento que a uno se le llama Dominico Petri, «in latinitate», pero que «in algariva» (algarabía en forma usual aún hoy) es «Avolfacan Avenbaco». De los mozárabes se hace una estilización. No así de los moros, mudéjares primero, moriscos después, que pasan a ser gente plebeya y de poca importancia. En Toledo, sin embargo, no hay una «morería» definida; muchos se convierten y con frecuencia hay testimonio de matrimonios mixtos.

Con la Reconquista llegan gentes del norte y de fuera de la península. Se habla incluso de miembros de familias reales bizantinas, como los Paleólogos.[4] Una aristocracia guerrera da el tono hasta el Renacimiento, en que las mansiones dejan de tener aire de fortalezas y se alzan palacios destacados, que se hallan enumerados en las descripciones primeras de la ciudad. Así en la del doctor Pisa, tan empleada y tan orientadora, el cual se refiere a las mansiones, tanto de eclesiásticos como de seglares «muy bien labradas, y de mucho precio; cuyo primor en el modo de edificios, excede al de otras ciudades, con sus pozos, y algibes, azuteas y miradores, y otros cumplimientos, y adornos para el provecho y hermosas vistas, y comodidad de habitación».[5] Pisa menciona hasta diez y ocho mansiones destacadas, trece de títulos y cinco de señores, e indica en la parroquia en que estaban.[6] Algunas de ellas decayeron como tales y luego no se trata tanto de ellas. Este «espacio», sin duda, es el que ha perdido mayor significación del siglo XVI a acá. En casos, se puede decir que «afortunadamente». En efecto, cuenta el embajador veneciano Navagero que estuvo con la corte del emperador en Toledo del 11 de junio de 1525 al 24 de febrero de 1526 y entre las observaciones curiosas que hace hay una respecto a la nobleza y su significación, según la cual la ciudad estaba dividida en dos bandos: el de los Ayala y el de los Selva. El primero con el conde de Fuensalida, noble de no muchos ingresos por entonces, y el segundo con don Juan de Rivera, que, en cambio, era muy rico. En general, añade, los caballeros toledanos no poseían grandes bienes; pero en cambio sí tenían mucha soberbia, a la que llamaban «fantasía».[7] Esta división por bandos y linajes era común en ciudades y territorios y lo siguió siendo después y en algunos casos se ajusta a luchas políticas de mayor alcance general. Tanto los gobiernos de los Austria como los de los Borbones procuraron debilitar los bandos y linajes. La ciudad cuenta con una porción de palacios famosos, bastantes casas nobles bien conservadas, otras que no lo están tanto y algunas que se han restaurado y que hoy sirven para actos culturales. Se señalan como mansiones más dignas de nota las de

Mesa, los Toledo, el citado conde de Fuensalida, la de las Tornerías, la de un canónigo apellidado Munárriz, la llamada de los Templarios, también las de personajes famosos, como Garcilaso, Juan de Padilla, Gerardo Lobo y Moreto.[8]

2. *Espacio comercial*

Desde la Antigüedad es un tópico lo de que la ciudad enriquece y que, fundamentalmente, hay que considerarla como mercado y centro industrial. Porque a ella no sólo concurren gentes de tierras más o menos lejanas a vender o comprar, sino que también es un foco de producción de manufacturas, de artesanía y de industria. Esto implica la ordenación del «espacio comercial» y «artesanal» y aun si se quiere «industrial»: porque el concepto de *preindustrial*, que ahora se usa mucho, puede contribuir a confusión, tratándose precisamente de tiempos anteriores a la Edad Contemporánea. Con relación a Toledo, puede decirse que desde antiguo hay información suficiente acerca de su ordenación desde estos puntos de vista y también que aquélla subsiste en algunos casos. Cabe sostener asimismo que a lo largo de los tiempos se llevaron a cabo reformas sensibles y que algunas corresponden a ideas generales en España en punto a concepciones urbanísticas de los siglos XVI y XVII sobre todo.

El padre Mariana, gran conocedor de la ciudad, en un pasaje de su historia, atribuye a los trescientos sesenta y nueve años de ocupación islámica la forma irregular de la misma, «por ser los moros poco curiosos en la manera de edificar y en todo género de primor». Pierde Toledo con ellos, según él, «mucho de su lustre y hermosura antigua». «Las calles angostas y torcidas, los edificios y casas mal tra-

zados, hasta el mismo palacio real era de tapie-
ría...».[9] Los arqueólogos enamorados de lo árabe, en
la época romántica protestan de este juicio y vienen
a sostener que en Toledo había muy buenos edificios
islámicos.[10] La realidad es que el casco urbano era
como lo indica no sólo Mariana, sino otros autores
interesados por la historia de la ciudad.[11]

Monumentos nunca faltaron; pero, como en otras
ciudades medievales (no sólo islámicas), quedaban
ceñidos por calles estrechas. Los cristianos de la
época posterior a la Reconquista vivieron hasta más
de cinco siglos después construyendo templos magníficos, edificios estupendos: pero no replantearon
la forma de la ciudad y, así, ésta conservó el trazado
sinuoso e irregular que reflejan aún los planos modernos. Esto no quita para que desde un punto de
vista comercial y técnico no estuviera ajustada a un
orden. Vamos a procurar hacerlo ver, así como las
reformas más sustanciales, que corresponden a fines
del XVI. Oigamos una vez más la voz del doctor Pisa:
«En la parroquia de la Magdalena, descendiendo del
Alcázar, y junto al barrio del Rey... es la famosa plaça de Zocodover, así llamada por nombre arábigo,
que es lo mismo que plaça de las bestias».[12] Pero en
ella, a comienzo del siglo XVII, se vendía todo género
de alimentos y el martes de cada semana había mercado franco de aves, pescado, aceite, miel, tocino,
queso...[13] En la plaza se corrían toros y se hacían
juegos de cañas; pero también se celebraban allí los
autos de fe, poniéndose un cadalso para los inquisi-
dores y otro, enfrente, para los reos y penitenciados.
No sólo esto. También se ejecutaba allí a los malhe-
chores.

Las ejecuciones debían de ser espeluznantes.
Lope, en *El Hamete de Toledo* y refiriéndose a un cri-
men que debió acaecer a comienzos del siglo XVII,
indica la fiera pena a que estaba condenado el autor
de aquél:

52

Oíd lo que se ha de hacer de aqueste moro:
primeramente atado a un madero
que vaya puesto en la mitad del carro,
le han de sacar pedazos de sus carnes
con tenazas ardiendo en todo el cuerpo,
hasta que no descubra cosa sana.
Luego en Zocodover entrambas manos
le han de cortar, y luego de la horca,
que ya he mandado hacer, han de colgarle
por los pies, la cabeza abajo, a efeto
de que muera rabiando deste modo.[14]

El Zocodover, como muchas plazas castellanas de ayer y de hoy, tenía casas con soportales donde vivían menestrales, tales como carpinteros. Según Pisa mismo habían sido renovadas y mejoradas recientemente. Se habían abierto balcones, con barrotes de hierro, para ver mejor los espectáculos.[15] Esta reforma se fecha en un año memorable para la ciudad, desde el punto de vista urbanístico: 1592. Porque, en efecto, aquel mismo año se amplió también la llamada «Plaza Mayor» y en ella se edificó una casa llamada «la Real», con fines comerciales. Entre una y otra plaza, atravesando el «Barrio del Rey», había calles con nombres alusivos a actividades comerciales y artesanales: «Gallinería», «Torneros», «Zapatería». Se pasaba también por los ámbitos en que trabajaban confiteros, cajeros, fabricantes de guadamecíes, chapineros y libreros.[16] Las «Carnicerías», como en otras ciudades y villas, tenían importancia arquitectónica y estaban en la misma Plaza Mayor, así como un «mesón», donde se pesaba la fruta y donde también durante algunas festividades se representaban «comedias honestas y algunas vezes devotas». La tercera plaza con gran significado comercial por la época era la de Santo Tomé y la cuarta la de Sancho Minaya.[17] Cervantes, que conocía bien Toledo al parecer, hace referencia a algunos de estos puntos comerciales y populares. A uno de

los galeotes le hace decir que si hubiera tenido a tiempo diez ducados, no estaría como estaba, sino libre y contento en mitad de la plaza de Zocodover.[18] Antes, la Tolosa le dice de modo humilde a don Quijote que era hija de cierto remendón toledano, que había vivido «a las tendillas de Sancho Bienaya» (Minaya) precisamente.[19]

El corregidor Juan Gutiérrez Tello fue el responsable de la renovación urbana descrita, de la que aún se conservan muchos elementos. A él se debió, también, la creación del «Rastro nuevo». La palabra *rastro* tiene varias acepciones: una de las viejas es la de matadero. El «Rastro viejo de Toledo», estaba debajo del Zocodover. Este nuevo, debajo de San Juan de los Reyes, junto a las Vistillas de San Agustín, más higiénico a causa de la ventilación. El «Rastro nuevo» se destinaba a carneros. Había más abajo otro menor y para gente más pobre, donde se mataban ovejas y aún existía el «Corral de vacas», hacia San Lucas cerca del Tajo. Gutiérrez Tello construyó también una nueva alhóndiga o alholí para la venta de granos.[20] La ordenación del espacio artesanal y comercial se perfecciona progresivamente asimismo. Ya antes, sin embargo, cada actividad podía tener su lugar más adecuado: así las tenerías de los curtidores estaban junto al río. También los talleres de los tintoreros: entre los molinos del Hierro y San Sebastián. Los zurradores a la otra parte del mismo río. Los alfareros bajo San Isidro, junto al que se llamaba «Río llano». Pero la venta de lo manufacturado se celebraba en sitio céntrico, bajo la advocación de santas Justa y Rufina, que habían sido del oficio. Los pelaires ocupaban la calle Ancha de San Cebrián. Otros oficios no estaban tan localizados: por ejemplo, hiladores y tejedores de seda y pañeros. Los boticarios y barberos, los taberneros y maestros no podían hallarse sujetos a localización.[21] Puede decirse, en cambio, que la actividad

54

comercial *más rica* se hallaba en el espacio que queda del Zocodover a la catedral y la plaza del Ayuntamiento. Aún allí hay una calle del Comercio por antonomasia. A un lado los silleros, los herreros, los latoneros. Hacia la puerta de Perpiñán los espaderos. Luego cordoneros, cabestreros y joyeros, los roperos y el «Alcaná», «que es calle de negocios», más las tiendas del Rey.

En el Alcaná se vendían toda clase de productos. Así, Cervantes, en el capítulo IX de la primera parte del *Quijote*, hace aparecer a un muchacho vendiendo papeles viejos y cartapacios. Éstos servirían para envoltorios y otros fines. Como cosa verosímil también da que algunos de tales cartapacios pudieran estar en lengua y caracteres arábigos y que en la misma calle hubiera moriscos aljamiados, bilingües, que pudieran leer y entender el árabe. Un trato muy considerable en Toledo era el de joyeros, lenceros, jubeteros, calceteros, plateros, cereros. Las «Cuatro calles» eran asiento de las «Alcaicerías», pañeros y sederos, que tenían gran correspondencia con Valencia, Murcia, Medina del Campo, Sevilla, Cádiz y otras ciudades de España, y con América.[22] Hay, sin embargo, entre los oficios, algunos de los cuales se mencionan en el texto sobre el que se apoya lo escrito arriba, que dieron mayor importancia a Toledo, como será ocasión de ver en el capítulo XI.

Entre los nombres de barrios, calles, plazas, lugares comerciales, los hay arábigos, como Zocodover. Otros arabizados, como «Alcaicería», que según se sabe viene de «Qaisar» forma arabizada de «Caesar»: la razón de llamar así a las lonjas o bazares, en Siria, Egipto, etc., estaría en que en principio serían establecimientos autorizados por los césares. En España hubo otra famosa, la de Granada, pero el vocablo es conocido en otras tierras, incluso Aragón. La vida comercial queda reflejada en nombres y textos.

Algunos dan idea de la existencia de una prosperidad puesta en duda por otros. Pedro de Medina, al final de su capítulo acerca de Toledo, en el *Libro de las grandezas y cosas memorables de España*, publicado en 1548, decía: «Esta ciudad es muy rica, de mucho trato; viven en ella más de diez mil personas con la labor de lana y seda; hácense en ella más bonetes y gorras, y otras cosas de lana hechas de aguja, más que en ninguna parte de España... Tiene esta ciudad diez y siete plazas bien proveídas de todos mantenimientos y cosas a la vida humana necesarias».[23] Ya se aducirán textos que ponen algo de sordina a éste. De lo real algo queda, como veremos también más adelante, y algo también se ha reinterpretado bajo la presión del turismo; pero una vez más nos encontramos con que los usos y destinos de los espacios dedicados en un tiempo a actividades específicas ya pueden utilizarse para otras, de suerte que entre la forma antigua pensada en aquéllos y la función moderna no hay armonía. Tampoco es la misma la interpretación de los espacios exteriores, que circundan la ciudad.

3. *Espacio exterior: lugares de placer, ventas*

Ya se ha visto cómo en las orillas del Tajo trabajaban en otro tiempo los dedicados a oficios que podían producir molestias físicas al vecindario, como curtidores y tintoreros. En ellas también tenían sus ruedas los molineros que aprovechaban la fuerza hidráulica. Los molinos eran muchos y algunos muy famosos. Pedro de Alcocer se refiere a ellos.[24] Pero es siempre Pisa el que trata con pormenores «de los molinos, azudas, anorias y batanes que ay en la ciudad a las riberas del Tajo. Y del sitio de la huerta de la Alcurnia».[25] En su tiempo había los molinos de Pero López al «Río llano», los que quedaban bajo el

artificio de Juanelo, los de la Cabeza, los del Dego-
lladero y de la Cruz, los de la Solanilla con sus pre-
sas, los de Daycam, de las Tenerías, de la Torre, del
Hierro, éstos propiamente molinos traperos.[26] Pese
a lo montuoso del terreno, en los contornos de la
ciudad se extendían también algunas huertas apacibles, regadas con distintos tipos de ruedas: unas
para los pozos cercanos al cauce llamadas «anorias
o azequias», con arcaduces o vasos de barro y trac-
ción animal sin duda. Las huertas más lejanas y
altas se regaban con grandes ruedas movidas por la
misma corriente, a las que se denominaba «azudas». De éstas había tres o cuatro en la Huerta del
Rey; además las de Racacu, la Aluerca, la de la Isli-
lla, la de los palacios de Galiana y la de huerta de
Layrique, amén de la de San Pedro el Verde y la de
Agenjo Díaz.[27] Estas «azudas» tuvieron el privilegio
de llamar la atención de Garcilaso de la Vega, [28]
Cervantes,[29] Góngora,[30] Tirso de Molina,[31] y Lope
varias veces.[32] Alguna fue reproducida por el Greco
en fondos de cuadros.[33]

Las huertas son de placer o para sacar fruto. Famosa fue la del Rey siempre, por el «sueño» de
Alfonso VI y por las grandes fiestas reales celebra-
das en ella. Hay memoria, por ejemplo, de que en
tiempo de Alfonso VIII, con motivo de visitas regias,
este monarca mandó hermosear los vergeles que había fuera de la ciudad y a orillas del Tajo, que pertenecían a la realeza, y mandó construir pabellones
con los árboles frutales y allí fue recibido durante la
fiesta de Pentecostés el rey don Pedro de Aragón.[34]
La de Alcurnia fue huerta que desapareció en una
riada, quitando a la ciudad un lugar de solaz.

Han permanecido, en cambio, los «cigarrales»
que dieron título y son escenario de la alambicada
obra de Tirso de Molina, en la que se les equipara a
«quintas» de recreo y donde se citan los más famosos que había allá por los años de 1621 (fecha de

impresión de la obra). Es curioso observar que hay uno de don Bernardo Marañón, porque en nuestros días don Gregorio Marañón ha tenido otro famosísimo a causa de la cantidad de personalidades que pasaron por él. Para los toledanos eran un refugio en la época de la canícula, en la que sobre la ciudad caía el calor sofocante.[35] La obra de Tirso debía desenvolverse en veinte «cigarrales»: pero no publicó más de cinco. Lope en el elogio que encabeza la obra galante y maliciosa dice que el autor «Los ásperos cigarrales convierte en selvas de amores».[36]

El diccionario de autoridades decía que en Toledo se llama «cigarral» a la huerta cercada con árboles frutales y también a la casa de diversión que hay en ella para dueños y familiares. Del padre Guadix recoge la tesis de que la voz es árabe y que viene de una palabra que vale tanto como «casa pequeña».[37] La etimología se ha puesto más que en duda. También otras. Se cree que, sencillamente, deriva de cigarra, por la cantidad de ellas que hay en los árboles.[38] De todas formas, los cigarrales eran familiares también a Góngora, y a otros poetas de fines del XVI y primera mitad del XVII. El cigarral corresponde al poético «carmen» granadino, a la «torre» de levante, a la «ribera» de otras partes.

Se ve, pues, que, pese a las críticas respecto a la estrechez, irregularidad e incomodidad de las calles, Toledo se sujetó a un plan muy claro desde el punto de vista de la ordenación del espacio. Se atiende a criterios técnicos e higiénicos. La concentración comercial mayor está en unos ámbitos. Los talleres más molestos, en otros. En otros, los lugares de placer. También en alrededores están lugares de tráfago y reputación dudosa. El ventero burlón con el que topa don Quijote en su primera salida da a entender que en Toledo las Ventillas tenían la significación que los Percheles de Málaga, el Compás de Sevilla o el Potro de Córdoba, aunque otros textos indican que eran sobre todo lugar de solaz. Así en el acto segundo de *La doncella Teodor* de Lope:

> Pero ella debe de estar
> en la Vega o las Ventillas
> en la puerta o las Vistillas
> tratando de merendar.[39]

El mismo Cervantes, en *El rufián dichoso*, da a entender que allí se reunían los grandes bebedores:

> Y en Toledo, en las Ventillas
> con siete terciopeleros,
> el hecho zaque, ellos cueros,
> la vide hazer maravillas.[40]

Allí aprende a jugar Carriazo, personaje de *La ilustre fregona*,[41] y Tirso de Molina, en *Cigarrales de Toledo*, las localiza con precisión al decir que es en el camino de Madrid donde están «las conocidas ventas». La primera era la llamada de «las Pavas», según él mismo.[42] Se explica que a fines del XVI y comienzos del XVII la concentración mayor de ventas estuviera en el camino que iba en dirección a la corte, que fue debilitando más a Toledo, según se repite.

En relación con el extrarradio y los espacios exteriores hay que indicar que en Toledo, como en otras ciudades, había algunos que tenían un destino peculiar que luego no sigue. En la comedia lopesca *La paloma de Toledo* se da a entender que, cuando había desafíos entre caballeros, éstos se realizaban en las cercanías del castillo de San Servando o San Cervantes.[43] Esto se repite en otras del siglo XVII. Por ejemplo, en *Cada uno para sí* de Calderón, en la jornada II, escena XX.[44] Como observaba don José Amador de los Ríos, tratando del castillo, esto se debía a que después de haber sido un punto estratégico muy importante de la ciudad había perdido toda relevancia, de suerte que Góngora en un romance alude a ello de modo festivo:[45]

Castillo de San Servando en el siglo XVIII,
por don Francisco Javier de Santiago Palomares

Ya menospreciado ocupas
la aspereza de ese cerro
mohoso, como en diciembre
el lanzón del viñadero.

Hay, pues, una sucesión de «funciones» en cada
espacio. Algunas son «utilitarias» y permanecen con
el sentido que se da ahora a la palabra. Otras no.
Porque sobre ellas y sobre lo mismo bélico, defensi-
vo o coercitivo está la fuerza de lo religioso, que
cada cual puede interpretar a su manera. Unos
como expresión de la espiritualidad más pura. Otros
como símbolo de poder, prueba de fanatismo. A veces las opiniones valen poco. La ciudad hoy mismo
vive condicionada por las formas que creó el pasado
y esto es lo importante. Pero ahora hay que ir más
adelante. Esta forma corresponde a distintos planes

o intenciones. No a causas oscuras. Mas la razón del plan, la intención que se tuvo para hacer esto o aquello ha desaparecido o ha cambiado. Toledo tiene una iglesia del «Tránsito». Podría afirmarse que su historia es una sucesión de tránsitos peregrinos. ¿Es posible dar idea cabal de ellos? Muchos lo han intentado. Acaso quepa todavía decir algo sobre el tema ordenándolo de una manera distinta a la de los historiadores del arte o de la política, pero arrancando de una visión que parece muy «moderna» y que, sin embargo, han tenido ya bastantes al ocuparse del devenir de la ciudad. En efecto, durante este siglo ha habido dos fuerzas terribles que han movido a los pueblos y les han llevado a los mayores extremos. Una es la de los hechos económicos y su interpretación doctrinal. Ésta ha dado lugar a revoluciones y contrarrevoluciones cruentas. Otra es la de los sentimientos racistas o raciales, que ha sido causa de mayores tragedias si cabe. Toledo no se vio libre durante mucho de conflictos que podemos definir como raciales, siempre en contraluz. También en contraluz la imagen de una riqueza inmensa, esplendorosa y visible y de una pobreza que, como veremos, acaso era mayor en la época imperial y gloriosa que en otras menos brillantes. Ocupémonos ahora de estos temas.

1. Lozano, *Reyes Nuevos...*, p. 5, a (libro I, capítulo I).
2. Mora, *Historia...* II, pp. 508 (segunda parte, libro IV, capítulo II), 524 (segunda parte, libro IV, capítulo IV). Lozano *op. cit.*, p. 4 (libro I, capítulo I) le sigue como siempre.
3. Escribió el padre Jerónimo Román de la Higuera un *Tratado del linage de los de la Higuera como también de los apellidos Peña, Romano y otros y juntamente una relación de los mozárabes de Toledo*, que se conserva en la Real Academia de la Historia (ms. signatura 9/5566) del que trato en el libro de próxima aparición sobre *La falsificación de la Historia (en relación con la de España)*.
4. Resumen del mismo Ángel González Palencia, «Toledo en los siglos XII y XIII. Conferencia pronunciada en la Sociedad Geográfica Nacional el día 19 de diciembre de 1932» (Madrid, 1933).
5. Pisa, *Descripción...*, fol. 30 vto. (primera parte, libro I, capítulo XIX).
6. *Ibid.* fol. 30 r. (primera parte, libro I, capítulo XIX).
7. *Viaje a España del Magnífico Señor Andrés Navagero, embajador de la República de Venecia ante el emperador Carlos V*, traducción de José María Alonso Gamo, Valencia, 1951, p. 48.
8. Parro, *Toledo en la mano*, II, pp. 612-630.
9. *Historia de España*, libro IX, capítulo XVI, tomo IV ed. Madrid. 1841, p. 62.
10. Amador de los Ríos, *Toledo pintoresca...*, p. 230.
11. Véase cap. I, 1 y 2.
12. Pisa, *op. cit.*, fol. 30 vto. (libro I, capítulo XX).
13. Mención al mercado de carnes, capones, perdigones, etc., en el acto primero de *La noche toledana*, de Lope, *Obras...*, nueva edición, XIII, Madrid, 1930, p. 97 a.
14. *Obras...*, nueva edición, IV, Madrid, 1928, p. 206, b (acto III).
15. Pisa, *op. cit.*, fol. 30 vto. (libro I, capítulo XX).
16. *Ibid.*, fol. 31r. (libro I Capítulo XXI).
17. *Ibid.*, fol. 31r. (libro I Capítulo XXI).
18. Parte primera, capítulo XXII.

19. Parte primera, capítulo III.
20. Pisa, *op. cit.* fol. 32 r. (libro I, capítulo XXII).
21. *Ibid.,* fols. 32 r.-32 vto. (libro I capítulo XXII).
22. *Ibid.,* fol. 33 r. (libro I, capítulo XXII).
23. *Op. cit.,* p. 120, b (capítulo XXVIII).
24. Pedro de Alcocer, *Historia...,* fol. X r. (libro I, capítulo IV).
25. Pisa, *op.cit.,* fols. 24 vto. - 25 vto. (libro I, capítulo XIV).
26. *Ibid.,* fols. 24 vto. - 25 r. (libro I, capítulo XIV). De los vergeles y huertos toledanos, regados por norias de arcaduces hablan los geógrafos árabes que dan a entender que muchas de las ruedas estaban sobre canales, que no eran de pozo. Al-Hīmyarī, *La péninsule ibérique...,* p. 160 de la traducción.
27. *Ibid,* fol. 25 r. (libro I, capítulo XIV).
28. *Égloga III,* (B.A.E., XXX, p. 22, a.) en general.
29. En *La ilustre fregona* y en *La Galatea* (B.A.E., I, pp. 193 a y 82 , b).
30. *Obras,* I (Nueva York, 1921), p. 436.
31. *Cigarrales de Toledo,* edición de Víctor Said Arnesto, Madrid, 1913, p. 343 (Cigarral V).
32. En la *Epístola al Licenciado Francisco de Rioja* se refiere así a las «azudas»:

> Como en las bases pasa el claro Tajo
> que coronado de membrillos sube,
> de las azudas inmortal trabajo.

Citada por Carlos Fernández Gómez, *Vocabulario completo de Lope de Vega,* I, Madrid, 1971, p. 303. En unos versos hermosísimos de *El Hamete de Toledo,* en el acto segundo, Gaspar dirá:

> Veréis cómo subido
> sobre las ruedas de su centro bajo
> madejas de cristal devana el Tajo
> para tejer labores
> en las huertas, de frutas y de flores.
> Veréis las aves mudas
> en los álamos altos escuchando
> las cantoras azudas,
> órganos destemplados imitando.

Obras dramáticas..., nueva edición de la Real Academia Española, VI, Madrid, 1928, p. 188, a.

33. Véase cap. XII, 2.

34. Rodrigo Jiménez de Rada, *op. cit.*, libro VIII, capítulo I, p. 176, 1, de la ed. de 1793. Sobre el «sueño», Mariana, *Historia de España*, libro IX, capítulo VIII, tomo IV de la ed. de Madrid, 1841, p. 53.

35. *Cigarrales de Toledo*, ed. cit. pp. 76 (quinta o cigarral de Buenavista), 112 (caniculares), 114 (nómina de veinte cigarrales: el 13, de don Bernardo Marañón). Bastantes cigarrales pertenecían a órdenes religiosas; uno a los mercedarios, y Tirso pudo disfrutar de él durante su período toledano.

36. Tirso, *op. cit.*, p. 11. El Doctor Pisa se refiere a ellos, *Descripción...*, fol. 26 r. (libro I, capítulo XV).

37. *Diccionario de la lengua castellana*, Madrid, 1729, p. 348, b.

38. J. Corominas, *Diccionario crítico etimológico de la lengua castellana*, Madrid, 1954, p. 798 a.b.

39. Citado por Carlos Fernández Gómez, *Vocabulario completo de Lope de Vega*, III, p. 2869 s.v.

40. *Comedias y entremeses*, edición R. Sohevill y A. Bonilla, II, Madrid, 1916, p. 99.

41. *Novelas ejemplares*, B.A.E. I, p. 183.

42. *Cigarrales de Toledo*, ed. cit. pp. 24 y 30 (introducción). He verificado las referencias que da Clemencín en la nota 9 del capítulo III de la primera parte del Quijote, IV, Madrid, 1966, pp. 1033 b. 1034 a. Se pueden reunir otras muchas.

> Ya en las Ventas estamos
> del muy noble señor Torrejoncillo
> u del otro segundo Peralvillo
> pues aquí la hermandad mesonitante,
> asaetea a todo caminante.

dice Carranza en el primer acto de *Entre bobos anda el juego, Don Lucas del Cigarral. Obras escogidas de Don Francisco de Rojas Zorrilla*, B.A.E., LIV. p. 20, c.

43. *Obras...*, XXII (B.A.E. continuación CCXIII) pp. 291, a 292, b-294 a etc.

44. *Comedias*, III (B.A.E., XII) p. 460, b-c.

45. *Toledo pintoresca*, pp. 295-296.

IV. Contraluces toledanos

1. *Corta población*

Vamos viendo que Toledo es y ha sido siempre una ciudad con rasgos muy específicos y distintos a los de otras muchas de España con tradición. Su significado también es único y sobre ella se tejen una serie de conceptos que demuestran admiración y entusiasmo; pero contrapunto entre lo real y lo imaginado se da no sólo en historia. En otros órdenes también lo observamos.

Antes se ha hecho referencia a la riqueza de la sede primada, que explica la antigua categoría de la catedral y otros edificios. También, acaso, la idea de la bondad de la vida en la ciudad misma. «A quien Dios quiso bien en Toledo le dio de comer», es refrán que recuerda Hurtado de Toledo.[1] Pero algo después el maestro Correas advertía que se acomodaba según de dónde era uno y que así el nombre de la población cambiaba (Sevilla o Madrid).[2] En todo caso, si es en su tierra, o en su villa, podría afirmarse también que el toledano con vida holgada no era muy abundante en aquel tiempo, pese a dictados tópicos y amplificaciones. Cuando se piensa en la fama y la magnificencia de la ciudad puede llegarse a creer que a ellas había de corresponder una población abundantísima y rica. La realidad es otra. Toledo no ha podido albergar nunca el número de personas que le atribuyeron algunos, y la idea de la decadencia, que ya se apunta en el siglo XVII y culmina en el XIX, se funda en hechos reales; pero desde ciertos puntos de vista se ha exagerado. Toledo, en primer lugar, ha sido siempre una ciudad bastante corta de población. En un censo de fines del siglo XVI se afirma que tenía 10.933 vecinos. En la misma obra se indica que en 1530 eran pecheros 5.898 vecinos; en 1640 se le asignan 5.000 vecinos de todas clases incluyendo el clero: lo mismo en 1694.[3] Es esta cifra la que puede seguir en el siglo XVIII y disminuir en el XIX; porque en el diccionario de Miñano, en 1827, no se le asigna más que 3.764 vecinos y 14.950 habitantes.[4] Lo cual da un poco menos de cinco habitantes o almas por «vecino», que es lo que corrientemente se establece como norma: 50.000 en pleno siglo XVI, 25.000 hombres y mujeres en los tiempos de baja, 10.000 menos en los decadentes. Hoy la población, como es sabido, ha crecido y alcanza a ser lo que se dice que fue en época imperial.

De la decadencia del siglo XVII hay varios testimonios más, aparte de alguno ya citado.[5] La *Población general de España*, publicada en 1645 por Rodrigo Méndez Silva, la refleja ya, porque dice que «fue siempre numerosa población, pero al presente no pasan de cinco mil vecinos», muchos nobles, con veintitrés barrios y veintisiete parroquias, veintiocho conventos, veinte ermitas y veintiocho hospitales, con el famoso del Nuncio, «admirable en curar los faltos de juizio».[6] En esta «casa del Nuncio» termina don Quijote, en el triste remedo de Avellaneda, y Cervantes, en el capítulo LXXII de la segunda parte del suyo, se refiere a ello con ironía.[7] Fue establecimiento famoso por lo tanto, fundado por don Francisco Ortiz, canónigo de Toledo, arcediano de Briviesca y nuncio apostólico, y la fundación arranca de 1483. De modo burlesco se decía que debían ir a ella los poetas y los arbitristas. Siguiendo la idea de que los poetas en general están locos (tan contraria a la experiencia que nos hace ver a muchos muy cuerdos y aun extremadamente precavidos), Quevedo, en la relación del itinerario a la Torre de su señorío, desde Madrid, dice:

Llegué a Toledo y posé,
contra la ley y estatutos,
siendo poeta, en mesón,
habiendo casa de Nuncio.[8]

El que los arbitristas pararan en «el Nuncio» es idea que aparece en una comedia lopesca.[9]

Dada la densidad de edificios religiosos y su importancia, hay que pensar que Toledo fue durante su período de mayor importancia una ciudad clerical o sacerdotal en esencia. Las comparaciones con Roma y Jerusalén lo confirman; pero otras fuentes nos precisan algo respecto a su composición demográfica, acerca de la que se trasluce algo en los capítulos anteriores y en el texto de Méndez Silva. Las fuentes a que aluden desmienten hasta cierto punto estos versos de Lope en alabanza de Toledo y en obra de ambiente de su época:

Sin eso hay aquí señores,
Ayalas, Lasos, Riberas,
Guzmanes, Toledos, Veras
Jurados y Regidores,
y mercaderes que son
gente noble y principal:
indianos en el caudal,
reyes en la condición.
Es la gente de Toledo
afable, discreta, honrosa,
caritativa, piadosa
más que encarecerte puedo.
Es para los forasteros
liberal; y pues de bravo
te picas, eso te alabo,
porque hay famosos aceros.[10]

De nuevo contraste o contraluz entre personas que conocían bien la ciudad, en tiempos de Felipe II y de su hijo.

2. *La pobreza*

Aparte de gente de iglesia y algunas familias aristocráticas, que podían tener holgura, hay informaciones que, en efecto, indican que en pleno siglo XVI la vida no era fácil para la mayoría. En el caso hay también contradicción entre los *datos* y las *ideas* o tópicos. Acaso en ninguna otra ocasión la astrología es desmentida más por la realidad que en ésta. Lo curioso es que los mismos que utilizan el juicio astrológico para sentar unos principios, tienen luego que prescindir de él al fijar la realidad. Veamos el ejemplo más claro.

En 1576 se fecha el *Memorial de algunas cosas notables que tiene la Imperial Ciudad de Toledo*, debido al rector de San Vicente, don Luis Hurtado de Toledo, que es texto importantísimo para darse cuenta de la situación real de la ciudad en época de esplendor, sin pagar tributo a generalizaciones y lugares comunes.[11] Pero esta obra, que indica mucho poder de observación, empieza diciendo, al tratar del emplazamiento de la ciudad misma, lo que sigue: «Esta ciudad está debaxo del planeta Mercurio, por cuya causa sus moradores son dados a notables ciencias y inteligencias de tratos y mercaderías».[12] Los toledanos, en esencia, serían «mercuriales»: gente rica y pudiente, no por aristocracia de sangre, por ser guerreros o sacerdotes, que fueron los que en realidad dominaban en la ciudad, sino por cálculo y razón; pero el que invoca el criterio astrológico, que era conocedor profundo de la vida de la ciudad, que puede dar detalles sorprendentes sobre ella, no se sentía capaz de responder con cifras a la pregunta que se le hacía respecto al número de los habitantes de Toledo. Según él, allí no se controlaba el sexo, ni la condición, ni la edad. Tampoco la proporción de esclavos («prietos» o blancos), de moriscos y de pobres. Hurtado de Toledo hace a este respecto una reflexión triste sobre los pobres: «envergonçantes todos lo vendremos a ser andando el tiempo si no nos medimos en trages y locuras».[13]

Últimamente había más habitantes pobres por la llegada de moriscos de Granada, de gallegos y asturianos.[14] Resultaba sensible a la vista que la ciudad abundaba en población menesterosa. Nuestro autor afirma de modo rotundo lo siguiente: «La gente deste pueblo no es rica, antes demuestra mucha pobreza, de tal manera que de las diez partes de sus moradores las nueve pueden pedir y sola una dar».[15] Los ricos no eran, como los de Sevilla o Burgos, gente con grandes negocios, porque el trabajo era limitado, había paros periódicos, y el mismo aprovisionamiento tenía baches, porque Madrid «tiraba».[16] El asunto de la pobreza puede intuirse que se arrastraba desde antes. En plena época imperial llega Lázaro de Tormes a Toledo, según cuenta en el tratado tercero de la primera parte de su vida, y topa con un escudero que le propone cogerle a su servicio. El muchacho cree ver el cielo abierto. Lo que encuentra es hambre, hambre, hambre. El escudero es de Castilla la Vieja, ha ido a la ciudad a pretender servir: encuentra mucha gente de iglesia «limitada», caballeros con más pretensiones que otra cosa. Alquila una casa en la parte baja, cerca del río, con patio pequeño, cámaras regulares y un alto. Vacía. Por otro lado alquila una cama. No puede, al fin, pagar estos míseros alquileres y huye. En el mismo texto se cuenta que siendo el año estéril de pan el ayuntamiento dispuso que todos los pobres extranjeros se fuesen de la ciudad, bajo la pena de ser azotados en público si no lo hacían. A los cuatro o cinco días ve Lázaro con espanto una procesión de pobres azotados. Otros detalles que da sobre su propia mendicidad, sobre la ayuda que recibía de unas hilanderas vecinas, que hacían también bonetes, proporcionan idea tristísima de la realidad. Hurtado de Toledo no le desmiente. Todo lo contrario. Al tratar de las fiestas de guardar y ayunos afirma que en los barrios de la Granja, el Arrabal, San Miguel, Santo Tomé y San Cebrián «parece cosa de milagro ver con lo que se contenta una familia entera».[17] Sobriedad, ascetismo popular, frente a la fastuosidad de templos y edificios públicos. Porque con relación a la vida del clero y los hidalgos se puede decir que no pasaba de modesta, sometida a muchas presiones y con sus puntos y ribetes de hipocresía.

El autor del *Lazarillo* no fue, sin duda, un hombre que simpatizaba con el clero de su época. El tratado séptimo de la primera parte nos muestra al protagonista, ya hombre hecho y derecho, al que el arcipreste de San Salvador casa con su criada... y entonces empieza a vivir *holgadamente*, recibiendo una carga de trigo al año, poco más o menos, carne por Pascuas, un par de bodigos de vez en cuando, o algunas calzas viejas. Esto daba lugar a murmuraciones. En la continuación, firmada por el intérprete I. de Luna, que baja tanto de calidad y de verosimilitud, se puntualiza que en Toledo a las mancebas de los clérigos se les llamaba «mulas del diablo» (capítulo VIII) y esto era, en suma, la mujer de Lázaro. Dificultad de vivir. Estrechez. Es fácil imaginar que un contraste parecido se percibía también en el conjunto del caserío, en las viviendas.

3. *Las casas*

Hurtado de Toledo hacía una distinción clara entre los tipos de casas de la ciudad, en razón de las épocas y de los destinos. Decía, así, que había algunas «fundadas sobre las cepas de las antiguas»: árabes, hebreas e incluso godas. Estas casas constaban de espacios dedicados a caballerizas, con grandes bóvedas de piedra berroqueña y superestructura de ladrillo y cal. Sobre las bóvedas patios con losas y lo alto, lo que se llamaban «palacios», era airoso, con mucha labor «mosayca y ebrea». Yeserías, puertas, tallas de madera: pero sin más de un «primer alto». En cambio, la construcción moderna constaba de:

1.º) bóveda de ladrillo y cal o cubiertas de madera.

2.º) primer alto, de ladrillo, cal y piedra.

3.º) segundo, tercero y cuarto altos, de «pies y carreras» de madera, con cerramientos de yeso y ladrillo: es decir, entramados.

4.º) los altos dejaban espacio para patios y corredores.

5.º) solanas y zonas descubiertas al sur.

6.º) cubiertas de madera y teja o

7.º) terrados solados de ladrillo.

Había ya bastantes casas que tenían seis o siete «altos» = pisos. Se experimentaba que eran de poca duración, por la fragilidad de los entramados. En las plazas y calles de negocios las casas con tiendas de mercaderes y tratantes eran pequeñas de solar, sin patio o con éste pequeñísimo, y altas, con escaleras empinadas y estrechas. La madera para la construcción se traía de Cuenca, por los ríos afluentes del Tajo y por éste mismo.[18] Ya entonces había casas de hasta veinte vecinos.[19] Podemos imaginarnos algunas como las «corralas» que han sobrevivido en Madrid.

En el siglo XVII también se consideraba que aunque las calles de Toledo eran «a lo antiguo» tenían «levantados edificios», es decir, que las casas eran de varios pisos.[20] ¿Queda en la construcción urbana algo que corresponda a esto? A comienzos del siglo había, desde luego, más casas antiguas que hoy: pero, sin embargo, aún podemos ver y estudiar algunas, que corresponden a la clasificación que se ha

71

hecho sobre el texto de don Luis Hurtado de Toledo de 1576, que, naturalmente, hay que ampliar teniendo en cuenta lo más moderno y también lo más sencillo o elemental.

Las formas más «elementales» se hallan en las partes más bajas y en los alrededores de la ciudad. Hay allí como en otras muchas ciudades y pueblos de Castilla y del sur en general «casas terreras», con una puerta y dos, tres o cuatro ventanas al exterior y tejado a una o dos aguas. Las vemos incluso en fotos modernas de Toledo hechas desde el sur. Tienen un corral detrás. Algunas veces éste con entrada propia. Puede afirmarse que en la época del Greco ya las había también, muy alargadas, hacia el nordeste, por el barrio de las Covachuelas, porque el pintor, en su famosa vista, coloca en primer término a la izquierda y forzando algo las perspectivas unas largas construcciones rectangulares de planta baja, y da también idea sumaria de corrales traseros o laterales y acaso azoteas.

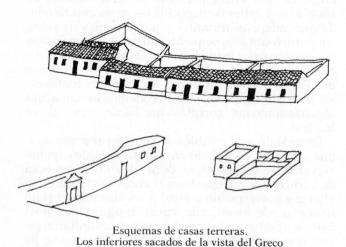

Esquemas de casas terreras.
Los inferiores sacados de la vista del Greco

Otro modelo, un poco más complejo, es el de la casa modesta de patio y un alto, como debía ser la alquilada por el escudero de Lázaro. Este tipo de casa puede alcanzar gran desarrollo y en realidad, regular o irregularmente construidas, es una expresión de la antigua casa mediterránea con el «impluvium». El desarrollo de este espacio interior da lugar a patios grandes, como los de algunas antiguas posadas, a otros señoriales, y a los de ciertas casas de vecindad al modo de las corralas madrileñas. De-

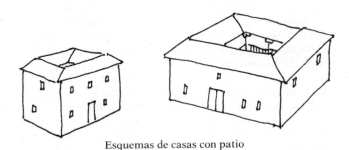

Esquemas de casas con patio

jando a un lado los palacios conocidos, dentro de la ciudad había casas señoriales riquísimas; aún las sigue habiendo. En *La fuerza de la sangre*, Cervantes da idea de una de persona rica y noble que tenía amplias habitaciones guarnecidas de damascos, doradas camas, muchas sillas y escritorios, ventanas grandes con rejas gruesas, que daban a jardín cerrado entre paredes altas.[21] A este tipo pueden, como digo, corresponder algunas que hoy existen.

Ya se ha visto antes[22] cómo la imagen de la «piña» y del caserío apiñado se halla utilizada en los textos de los historiadores toledanos. Hay que indicar que también la usa Tirso en *Cigarrales de Toledo*, que alude a la «dorada piña» de sus casas, después de referirse a sus «altas torres, elevados capiteles, antiguos muros, ventanas y claravoyas».[23]

La imagen general de la ciudad puede decirse que hasta cierto punto oculta un conjunto arquitectónico complejísimo. Hay que orientarse bien para encontrar muchas casas de interés. Típicamente toledana es la antigua casa de los condes de Cedillo, en la plazuela de Santa Catalina, con hermoso patio. También son curiosos los restos del palacio que se decía del rey don Pedro, los de las casas de Mesa, la casa que fue del canónigo Munárriz, en la calle del Barco, y el gran palacio de los condes de Fuensalida, con impresionante planta: siempre con patio.[24]

Mudéjar y plateresco matizan las construcciones. Pero desde muy antiguo hay principios constructivos que se repiten. Algunos autores han querido dar idea de lo que era el caserío en época visigótica teniendo en cuenta ciertas miniaturas de un códice de El Escorial, y que representan, de modo muy sumario, las murallas y las basílicas de Santa María y San Pedro, y que corresponderían a aquel enriquecimiento arquitectónico que tuvo la ciudad en el siglo VII, en tiempo de Wamba, sobre todo.[25] Pero la verdad es que se trata de dibujos muy abstractos y que no corresponden a la complejidad de lo real. Los elementos que aún se pueden observar y que siempre han llamado la atención producen fenómenos visuales de mucho efecto, pese a veces a su modestia. Así, la calle con una parte encubierta,[26] los callejones sin salida de la Morería,[27] o las estrechas calles en que las rejas destacan aún más por su estrechez: esas rejas que siempre han llamado la atención y que nos hablan de un cuerpo de menestrales y artífices famoso.[28]

4. *Posadas y mesones*

Ya se ha visto antes que en Toledo había muchos mesones para las gentes que acudían de fuera[29] a tratar y contratar, aparte de las ventas del extrarradio.

Lope de Vega, en *La noche toledana,* que tiene acción en un mesón de Toledo, indica por boca de un gracioso, en el acto tercero, que eran mesones todos los edificios de una acera desde la Concepción hasta el Carmen.[30] De una forma u otra, Toledo ha tenido siempre buena reputación desde este punto de vista, como se ve por los relatos de viajeros extranjeros de distintas épocas.[31] Respecto a las posadas y mesones, hay que indicar que han quedado hasta nuestros días algunos conocidos, con aspecto que se puede pensar era parecido a los del tiempo de Cervantes. Uno muy famoso ha sido el «mesón del Sevillano» con el patio característico de esta clase de construcciones, que se conservaba bien a comienzo de siglo.[32] Esta posada o mesón es el escenario de *La ilustre fregona,* novela en que se suministran bastantes detalles acerca de su funcionamiento. Llegan allí dos jóvenes disfrazados de criados, «por la Sangre de Cristo». La posada era para gente principal. Una de las mejores y más frecuentadas de la ciudad. Tenía un «patio» al que daban salas y «corredores» encima. Contaba con aposentos para caballeros, otros para criados de éstos, y alguno intermedio, como el del rincón al que se refiere Cervantes mismo.

No se daba de comer, aunque se guisaba o aderezaba lo que traían los clientes: pero en las proximidades había muchas bodegas, «casas de estado» y otras posadas. El personal, además del dueño y su mujer, estaba compuesto, cuando llegan los criados fingidos, por dos mozas gallegas, un ama y un mozo, que daba la cebada y la paja a las bestias. El suministro de agua lo tenía bien organizado con aguador, que bajaba a la vuelta del río, por la cuesta del Carmen. A la puerta de la posada, de noche, hay baile del personal femenino (mozas gallegas, cuarentona Argüello, y las mozas de otras posadas) y los mozos

de mulas correspondientes, al son de canto y guita-
rra y con público de embozados.[33] Un contrapás, la
chacona con castañetas... la trifulca correspondiente. Los tiempos pasan, las costumbres no varían durante mucho. Sí, acaso, los bailes.

En las posadas, el patio tenía una proporción
apta, para que entraran carros con toldos, gale-
ras, etc., y contaban con pozos, pilares y abrevade-
ros, como los tenía la famosa del Sevillano. La galería del primer alto tenía como soporte columnas de
piedra y el balcón, cinco barrotes de madera entre
pilote y pilote, también de madera.[34]

Patio de posada

En las viejas poblaciones toledanas, un elemento que se ha conservado y que da sobre todo a las plazas aspecto singular es el de los porches. En unas, como Escalona, sencillos: más complejos en otras, como Puebla de Montalbán. Más sistematizados aún, como en la plaza de Tembleque. En Toledo hubo de haber porches sencillos en otro tiempo. Hoy son conocidos los soportales del Zocodover, que, como se ha visto, se restructuró a fines del XVI, de acuerdo con un patrón general. A aquel siglo corresponden, también, otras obras famosísimas y singulares.

5. *El aprovisionamiento de agua; artificio de Juanelo*

Una corriente fluvial, la del Tajo, da en gran parte razón de ser a Toledo, como ya se ha visto: pero también ha sido causa de posibles limitaciones, y el aprovisionamiento de agua para la ciudad constituyó siempre un problema difícil. Ya se ha visto cómo los autores árabes y medievales se refieren a altas ruedas que del río elevaban el agua para el suministro de ciertas partes y edificios; cómo también la huerta estaba llena de otras ruedas menores. Hubo un tiempo en que este problema del agua dio lugar a que se creara una de las curiosidades mayores de la ciudad, según viajeros, poetas, novelistas y técnicos: el llamado «artificio» de Juanelo. Pero, por otra parte, en la misma época en que funcionaba, la gente común tenía que bajar al río con cántaros, como Lázaro lo hacía,[35] o servirse de aguadores que la llevaban en mayor cantidad, sobre asnos, desde el río mismo.

Cervantes, en *La ilustre fregona*, suministra alguna información de cómo trabajaban estos aguadores. Solían tener su punto de reunión junto a una «azuda» de la Huerta del Rey y allí había contratación de asnos para ejercer el oficio, trato en el que ya participaban los gitanos. Los asnos se compraban con los objetos propios para el transporte. Había preponderancia de aguadores asturianos y allí se jugaban las ganancias. Pero en aquel mismo texto, tan utilizado aquí, Avendaño, uno de los personajes, consideraba que las cosas más dignas de verse en Toledo eran: el Sagrario, *el artificio de Juanelo*, las Vistillas de San Agustín, la Huerta del Rey y la Vega.[36] Es una visión popular, no de erudito ni de artista. El artificio era cosa reciente y produjo la admiración de propios y extraños. También alguna reflexión burlesca.

El autor fue un artífice italiano de Cremona, Janelo o Juanelo Turriano, relojero de Carlos V, fabricante de autómatas, y hombre que cultivaba su reputación de taumaturgo. El problema del abastecimiento del agua a la ciudad siempre había preocupado. El embajador veneciano Navagero indica que cuando él estuvo en Toledo (1525-1526) a la entrada del Tajo se veían todavía los restos de unas construcciones antiguas para elevar el agua del río a la ciudad y que el emperador había ordenado que se construyera otro sistema elevatorio. La ciudad corría con los gastos, que, se decía, iban a ser de cincuenta mil ducados. También dice que un personaje del que no da información se había comprometido a llevar a cabo la empresa.[37] El doctor Pisa precisa que éste fue un arquitecto, criado del conde de Nassau. Pero esta obra (1528), que produjo el efecto deseado, se la llevó después el río. La fuerza del agua rompía también los caños, aunque eran de acero de Mondragón. Después pasaron treinta y tantos años en que hubo otros arquitectos que propusieron varios arbitrios, ninguno con éxito. En última instancia, ya en 1565, fue Juanelo el que empezó el famoso artificio, que costó muchos años de trabajo[38] y que produjo la admiración de hombres como Ambrosio de Morales, el cual llega a decir que Juanelo fue superior a Arquímedes. El caso es que se trataba de un artilugio de madera, que resultó frágil porque, ya a comienzos del XVII, necesitaba mucha reparación. En 1888, un ingeniero de minas, don Luis de la Escosura y Morrogh, publicó una memoria acerca de él, en la que, siguiendo la descripción de Morales, demostraba que debía parecerse mucho a la maquinaria dibujada en una obra de otro ingeniero italiano, Agostino Ramelli, aparecida en 1588.[39] No es cuestión de seguir ahora la vida y hechos de Juanelo, que han sido estudiados minuciosamente por José A. García-Diego, gran especialista en historia de la ingeniería.[40] Sí de recordar que, aparte de los comentarios laudatorios, los hay burlescos, como va dicho. Conocido es el de Quevedo en el *Itinerario de Madrid a su torre de Juan Abad:*

> Vi el artificio espetera
> pues en tantos cazos pudo
> mecer el agua Juanelo
> como si fuera en columpios.
> Flamenco dicen que fue
> y sorbedor de lo puro:
> muy mal con el agua estaba
> que en tal trabajo la puso.[41]

Lope, Esteban Manuel de Villegas, el maestro Valdivieso y Quiñones de Benavente se refieren también a él.[42] Méndez Silva, que fecha el comienzo de la construcción en 1565, dice que en 1604 se construyó otro mecanismo, con el que se mejoró, elevando agua a quinientos codos.[43] Don Esteban de Garibay, el historiador vasco que vivió bastantes años en Toledo, se refiere en sus curiosas memorias a la muerte de Juanelo el 13 de junio de 1585 y de ochenta y cinco años de edad, en unas casas que servían al artificio, y a que fue enterrado en el monasterio próximo de Nuestra Señora de Soterraño, sin que su entierro fuera «el que merecía tan célebre varón». Dejó una hija, llamada Medea, y nietos.[44]

Hay textos que no demuestran tanta admiración. En unos *Diálogos muy apacibles*, que aparecieron por vez primera en 1590 y luego en 1622, de autor desconocido pero que debía ser profesor de idiomas, al diálogo octavo y último refleja impresiones de un supuesto viajero por España que dialoga con su amigo, llamados Poligloto el primero y Philoxeno el segundo, y éste le pregunta si en Toledo vio la torre encantada y el artificio, a lo que Poligloto responde: «Por lo de la Torre, bien me informé de ella, pero no me la supieron enseñar, y así lo tengo por fábula. Mas el artificio del agua, aunque bueno, no tiene que ver con los que se hallan en otras tierras, como los que he visto en Alemania y en Inglaterra, y ahora en París se ve la casa edificada de nuevo en la Isla, a donde se saca agua del río con un molino de viento».[45]

En todo caso también el artificio expresaba algo característico en el devenir de la ciudad. Pese a su aire castizo, pese a lo que se dice y repite de su orientalismo, los elementos de su vida cultural son internacionales y en gran parte europeos.

Notas. Capítulo IV

1. Hurtado de Toledo, *Memorial...*, p. 492.
2. Gonzalo Correas, *Vocabulario de refranes y frases proverbiales*, ed. Louis Combet, Burdeos, 1967, p. 20, a.
3. *Censo de población de las provincias y partidos de la Corona de Castilla...*, pp. 70-71.
4. *Diccionario geográfico-estadístico de España y Portugal*, VIII, Madrid, 1827, p. 453, a.
5. Véase cap. IV, 1.
6. Méndez Silva, *Población general de España...*, fol. 10 r. a.
7. *Vida y hechos del ingenioso hidalgo...*, II, Madrid, 1807, pp. 306-327 (séptima parte, capítulo XXXVI).
8. *Obras*, III (B.A.E., LXIX), p. 209 b (n.o 525).
9. *La paloma de Toledo*, arreglo posible de una de Lope que se imprime entre las suyas. *Obras...*, XXII (B.A.E., continuación, CXIII) p. 282, b.
10. *El Hamete de Toledo...*, en *Obras...*, nueva edición VI, Madrid, 1928, pp. 192, b-193 a (acto II).
11. Publicado por Carmelo Viñas y Julián Paz. *Relaciones de los pueblos de España ordenadas por Felipe II. Reino de Toledo. Tercera parte*, pp. 481-575.
12. Hurtado de Toledo, *Memorial...*, p. 494.
13. *Ibid.*, p. 523.
14. *Ibid.*, p. 523.
15. *Ibid.*, p. 524.
16. *Ibid.*, p. 525.
17. *Ibid.*, p. 545.
18. *Ibid.*, pp. 509-510.
19. *Ibid.*, p. 522.
20. Méndez Silva, *Población general de España...*, fol. 10 r.a.
21. *Novelas ejemplares*, B.A.E. p. 167, b.
22. Véase cap. II, 1 y 3.
23. *Cigarrales de Toledo*, ed. cit. pp. 23-24.
24. Planta en V. Lampérez y Romea, *Arquitectura civil española I*, Madrid, 1922, p. 468 (fig. 546).
25. Lambert, *Tolede*, p. 13.
26. Modernamente hay casos de descubrimiento de entramados antiguos que se restauran.

27. No es, sin embargo, Toledo la ciudad con formas urbanas de origen islámico en que aparecen más éstos. Posiblemente donde abundan más es en el Sudeste de España.

28. Acerca de éstos véase cap. X, 2.

29. Véase cap. III, 3.

30. *Obras*, nueva edición, XIII, Madrid, 1930, p. 123 b.

31. Véase cap. XIII.

32. Hay dibujo en *Castilla la Nueva*, de Quadrado y La Fuente, III, Barcelona, 1886, p. 319, y en *España. Toledo*, *1a. serie*, Madrid, s.a., al comienzo del texto.

33. *Novelas ejemplares*, B.A.E. I, pp. 185, b 186, a y 190, a-b.

34. Martín Gamero, *La Ilustre Fregona y el mesón de Sevilla*, Toledo, 1872, contiene el plano.

35. Véase cap. IV, 2.

36. *Novelas ejemplares*, B.A.E., I, pp. 186, a.

37. *Viaje a España*, ed. y trad. at., p. 35.

38. Pisa, *Descripción...*, fols. 23 r. b-23 b (primera parte, libro I, capítulo XII).

39. Luis de la Escosura y Morrogh, *El artificio de Juanelo y el puente de Julio César*, Madrid, 1888. Figura entre las pp. 32-33.

40. José A. García-Diego, *Juanelo Turriano, Charles V's clockmaker. The man and his legend*, Madrid, 1986.

41. *Obras...*, III (B.A.E., LXIX), p. 209 (n.o 525).

42. Citados en la memoria de Escosura, pp. 56-58. Hay muchos más. Por ejemplo en *La gallarda toledana*, de Lope, *Obras...*, nueva edición VI, Madrid, 1928, pp. 73 b (acto I) y 98, b (acto III). Mención del artificio también en *La noche toledana*, acto I, *Obras...* de Lope, nueva edición, XIII, Madrid, 1930, p. 105, b.

43. Méndez Silva, *Población general de España*, fol. 10 r. 1.

44. *Memorias de Garibay* en *Memorial histórico español*, VII, Madrid, 1854, pp. 420-421 (libro IV, título XV).

45. *Diálogos muy apacibles*, Madrid, 1943, p. 100.

V. «Raza» y «cultura»

1. Ciclos históricos en la vida de las ciudades

La idea de que el devenir de los hombres se desenvuelve en forma cíclica ha tenido expresiones y desarrollos varios; los más importantes presentan carácter muy absoluto; así, en el sistema de Vico, o en el de los etnólogos alemanes de comienzos de este siglo, como Leo Frobenius y Graebner. Pero también historiadores menos sistemáticos o dogmáticos la han tenido presente (por ejemplo, B. Meyer) y en formas más limitadas y modestas la hemos aplicado otros a estudios particulares.

Es una idea que no presupone que los ciclos tengan la misma duración siempre, ni que se desenvuelvan en espacios de un tamaño fijo. Se puede aplicar a grandes territorios; también a otros menores y, de una forma muy particular y distinta, al estudio de las ciudades. Los resultados serán distintos, incluso al ocuparte de éstas. En el caso de Toledo podemos considerar que es posible llevar a cabo una ordenación de su historia por los que podríamos denominar «ciclos étnico-religiosos». Habría, así, uno antiguo y poco conocido, que sería el «carpetano». Otro segundo, algo más conocido y muy largo, «romano». Decisivo, aunque más corto de duración que el anterior, el «visigótico». De bastante duración, en cambio, el «islámico» o «árabe» y, por fin, uno «cristiano» en que la ciudad es, ante todo, capital religiosa. Todos ellos han dejado su huella material en la ciudad misma que se puede estudiar hoy. El espacio donde lo comprobamos es el mismo aproximadamente. El tiempo, los ciclos, se pueden dividir en períodos más cortos. La duración del ciclo es una cosa, la huella que deja es otra, como se procura

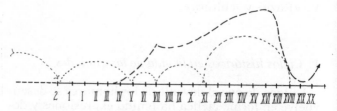

expresar en el gráfico adjunto. Otro también su significado para los que vivieron y murieron mientras
duraron. Podemos formar inventarios culturales de
lo que ha caracterizado a cada uno de los ciclos y
aun distinguir períodos estilísticos, etc. La «Cultura» considerada como un conjunto de elementos o
trazos es una cosa. Los productos ahí quedan con su
magnificiencia, su discreción o su insignificancia
¿Y los que les dieron forma? Ésta es otra cuestión.
El examen de la «Cultura» nos da ideas positivas; el
de la vida de los hombres que la desarrollan no tanto. Puede ofrecer incluso aspectos trágicos repetidas
veces, e incluso repugnantes.

En la España actual se celebran, con frecuencia,
actos cuyo objeto es subrayar la importancia que
han tenido, desde el punto de vista de la «Cultura»,
los musulmanes y los judíos hispánicos. Se habla de
«las tres Culturas» y de sus respectivos logros como
de algo homólogo y fundamental para la nación.
Hay tierras y ciudades en que exaltación semejante
está mucho más motivada que en otras, y una de las
ciudades más significativas a este respecto es, sin
duda, Toledo. Por eso en ella, en la primavera de
1987, se han dado dos actos en este sentido: uno poniendo de relieve la importancia de lo hebraico, otro
resaltando la de lo árabe.

Pero si dejamos a un lado la visión cultural «moderna» y estudiamos la vida social en la misma ciudad, en épocas distintas, vemos, pronto, cómo el hecho de que en ella se hayan sucedido los «ciclos» y

84

hayan vivido juntos cristianos, moros y judíos produjo siempre conflictos, complicadísimos y difíciles de describir, tragedias colectivas que duraron generaciones, angustias personales, disimulaciones, rumores y calumnias: un clima poco apetecible, en suma.

Éste es un tema que cuando se ha estudiado se ha hecho con pasión unilateral, «enjuiciando» a favor o en contra. En general, el estudio de los conflictos entre pueblos dominantes y dominados se ha realizado en términos de «juicio» con sentencia: el drama, cuando se aplica el criterio cíclico, resulta más profundo y general y presenta aspectos contradictorios: tiene en fin, consecuencias muy encontradas entre sí.

Me consta, por ejemplo, que todavía hay algunas familias toledanas con personas muy piadosas, dentro de la religión católica, que, a la vez, se enorgullecen de su ascendencia hebrea. Esto es claro que va contra muchos esquemas históricos y contra ciertas valoraciones antiguas y modernas. Pero la verdad es que el conflicto en la valoración ha existido siempre y que eso que podemos llamar el orgullo racial (unido muchas veces a orgullo religioso) es un elemento constante en la vida de las sociedades, aunque tenga expresiones bastante ininteligibles y variadas.

En algunos países se desenvolvió sobre la idea de que sus naturales descendían de los aborígenes o primitivos pobladores de ellos. En otros, sobre la estimación de otros que los conquistaron. Pero esta estimación no corresponde luego a visiones culturales que podían tener mayor fundamento. En el caso concreto de Toledo, observamos que no se establece superioridad por pertenecer al viejo pueblo carpetano. Tampoco por una posible descendencia romana, pese a la fuerza de la lengua latina y de lo heredado del mundo Antiguo a través del Imperio. Son los godos los que ejercen esta fascinación nobiliaria.

2. *El prestigio de los godos*

La historia del desarrollo de lo que podríamos llamar «orgullo racial» gótico en España, es algo con resultado diferente al que en Francia tiene el desarrollo del orgullo franco.[1] Hubo un tiempo en que incluso se creyó que la palabra hidalgo, venía de «hijo de godo». No es cuestión de tratar del tema en general. Sí en relación con lo que significa en Toledo y para Toledo. Porque creo que se puede afirmar, sin miedo a cometer exageración, que uno de los puntos en que se creó y desarrolló más este «ideal gótico», tan fuerte en España en los siglos XV y XVI, fue en Toledo precisamente. Los historiadores locales del XVI ya determinaban que los visigodos habían pasado la «silla real» de Tolosa de Francia a Toledo, que el robustecimiento de ésta como capital tuvo lugar en tiempo de Recaredo I (586-601), pero que el que hizo más por la ciudad fue Wamba (672-680).[2]

La imagen que dan de los godos algunos de estos historiadores toledanos es doble: dicen que en principio fueron bárbaros, crueles, feroces, por despreciadores de la muerte. Su condición se hizo «doméstica» en España y resultaron luego animosos y magnánimos.[3] El siglo VII es el período fundamental en este cambio y sobre él también tejió sus engaños Román de la Higuera (seguido por el conde de Mora), dando muchas mentiras precisiones acerca de lo que en la ciudad hicieron Recaredo o Wamba.[4] Al fiero valor antiguo se une la ortodoxia absoluta. El ciclo gótico tiene unos efectos posteriores importantísimos y la sangre goda, como la franca en Francia, es el signo mayor de aristocracia.

Un arzobispo de Toledo, navarro de nación, don Rodrigo Jiménez de Rada (1170-1247), escribió varias obras acerca de la historia de los pueblos del norte de Europa, en que los godos ocupan lugar señalado, arrancando de mucho antes de que llegaran a España. Pero a partir de la época de Atanagildo su narración está llena de referencias a Toledo y a los concilios que allí se celebraron; también al establecimiento de la sede primada. Es Bamba o Wamba el rey que —según él y como repiten otros— hace más por la ciudad. Habla de «reparación», de embellecimiento y de construcción de murallas, en cuyas puertas mandó colocar inscripciones conmemorativas y también recuerdos de los santos más venerados. Se dice que en lo de las murallas se guió por una mala lectura.[5] En cualquier caso Wamba aparece como el modelo de la sabiduría, así como Witiza es el modelo de la maldad y don Rodrigo de la ligereza. Desde el punto de vista artístico y arqueológico, no cabe duda de que quedan signos fuertes de esta acción cultural visigoda en Toledo y se habla incluso de un foco de arte toledano, aunque algo de lo que queda de él podría suponer continuidad de lo hispanorromano. El artista que firma, por ejemplo, un capitel que está en el Museo de Valencia de Don Juan es «...LICIVS» (acaso «Simplicius»).[6] De todas formas, desde la segunda mitad del siglo VI, Toledo tiene la importancia que atestiguan también las coronas de Guarrazar, ofrecidas por Suintila (621-631) y Recesvinto (649-672) con otras diez más, con arreglo a una costumbre que también tenían los emperadores bizantinos de colgar coronas en los altares. La influencia bizantina en la técnica[7] nos habla, por otra parte, de una misteriosa conexión de Toledo con el mundo helénico (incluso insular), que siglos después expresa la figura del Greco.

Una de las primeras interpretaciones visuales de la ciudad se halla en cierto manuscrito conservado en El Escorial en el que en la parte superior de la miniatura se ve un recinto amurallado, con dos puertas y tres torres almenadas. Sobre la muralla, figuras humanas. Debajo, las basílicas de Santa María y San Pedro, con dos cuerpos, uno mayor que el otro, tejados a dos aguas y puertas y ventanas con arcos. En una tercera línea se figura a los participantes en un concilio y en la parte inferior tres tiendas en dos de las cuales aparecen colgadas cruces, como las de Guarrazar precisamente.[8] La caída del dominio visigodo se vincula a leyendas que tienen como escenario a Toledo.[9] En ellas, la aparición de los árabes con sus rasgos indumentales característicos, como expresión de la «pérdida de España», se vincula a la historia de la ciudad.[10]

3. *Los árabes*

La imagen de Toledo que nos han dejado los árabes no difiere mucho de las antiguas cristianas medievales. Pero para los cristianos la representación de éstos y del Islam en general es mucho más equívoca, tanto en lo que se refiere a Toledo como en lo tocante a otras partes de España. Los visigodos, de arrianos se convirtieron en piadosos católicos y sus reyes dieron a los concilios toledanos un contenido bastante político. Los musulmanes eran ante todo infieles: primero temidos, luego, en unos puntos, admirados. Al fin, sus descendientes, vencidos, despreciados y humillados. La imagen del «moro» de otros tiempos, sabio astrólogo, arquitecto maravilloso o caballero gentil y valiente, se halla en muchos textos poéticos de épocas distintas, desde el romancero de temas fronterizos, pasando por fray Luis de León[11] y llegando a don Nicolás Fernández de Moratín, en aquella época en que se sentó la tesis de que los combates con toros a caballo y a pie eran invención moruna, la cual, como es sabido, fue aprovechada también por Goya en una serie de grabados.[12] Pero de «Alimenón de Toledo», y otros caballeros más o menos imaginados, a los mudéjares y de éstos a los moriscos hay un descenso bien sensible. Los mudéjares llevan a cabo en Toledo grandes obras de albañilería y son alarifes estimados. Los moriscos son pobres hortelanos, comedores de berenjenas o fabricantes de buñuelos.[13] En Toledo, en el siglo XVI, había muchos y habían aumentado en la segunda mitad con los expulsados del reino de Granada después de la guerra famosa.[14]

A Moratín padre, en efecto, se deben aquellas quintillas famosas que empiezan así:

> Madrid, castillo famoso,
> que al rey moro alivia el miedo,
> arde en fiestas en su coso
> por ser el natal dichoso
> de Alimenón de Toledo.[15]

Este arabismo convencional, que con los románticos llega a una especie de delirio orientalizante, se halla en otras composiciones del mismo, como la relativa a Abdelcadir y Galiana, con fondo toledano.[16]

Pero digamos algo de lo que escriben los árabes acerca de la ciudad. La compilación más abundante la da Al-Himyarī en el texto que editó y tradujo Lévi-Provençal, en el que tomó datos de otros autores anteriores, transcribiéndolos a veces al pie de la letra. Toledo, la antigua capital visigótica, está en situación dominante, con fuertes murallas y una ciudadela o alcazaba. Los edificios que la componen son sólidos y *altos*. Uno de sus puentes es de construcción admirable y al extremo de él se alza una rueda elevatoria (na'ūra) de noventa codos de altura, que sube el agua a un canal por el que llega a la ciudad.[17] «Toletum» se convierte en «Tulaytula», ya en textos mucho más antiguos. Hacia el año 895 Al-Muqaddasī indicaba que estaba a seis jornadas de distancia de Córdoba.[18] Otros dan cifras mucho mayores, exageradísimas. Todos se hacen eco de la leyenda de don Rodrigo en relación con la casa de los reyes[19] y de las relativas a la mesa de Salomón.[20]

Con independencia de las visiones, hay que reconocer que las huellas visibles de la permanencia de los musulmanes en la ciudad, como dominadores desde poco después de la invasión del año 711 a 1085 (y más tarde hasta la extinción de los moriscos como tales, a comienzos del XVII), son mucho más visibles que las visigodas. Sobre ellas se habla una y otra vez. Hoy existe la tendencia a establecer paralelismos y una especie de equivalencia absoluta entre lo cristiano, lo hebreo y lo musulmán. Considero esto exagerado. La fuerza de lo cristiano es siempre mayor, aunque no se quiere reconocer por ciertos sectores. Tampoco se estudian de modo sistemático los momentos que pueden definirse como de «europeización septentrional». Es evidente que los hubo, como se procurará hacer ver en el capítulo VII. Es, precisamente, en uno de ellos, acaso el más fuerte, cuando se realiza la más alta compenetración cultural.

4. *Toledo, escuela de traducción*

Hay, en efecto, un tema del que es preciso decir algo al tratar de lo que representan la raza o las razas y la cultura o las culturas en el devenir de Toledo. Los arzobispos de la ciudad organizaron pronto, después de la conquista, grandes bibliotecas.[21] A Toledo llegaron los restos de una importantísima: la de Al-Hakam II, califa de Córdoba, que había sido colector de los libros. Del siglo XII al XIII se da en la ciudad como secuela un movimiento cultural que queda definido con el nombre de «escuela de traductores de Toledo», con una influencia inmensa en el mundo cristiano occidental. Sabido es que en época de los abásidas se tradujeron al árabe muchas de las grandes obras de medicina, cosmografía y filosofía griegas y que luego grandes autores árabes las glosaron, comentaron y ampliaron. La figura del cordobés Averroes puede considerarse como representativa a este respecto. En Toledo, bajo la protección de los arzobispos primero y la de Alfonso X después, la cultura griega empieza a revertir a Occidente, porque se procede a traducir este inmenso caudal: primero al latín, luego también al romance. A las obras que se traducen del árabe hay que añadir las escritas en hebreo. Los traductores eran originariamente hombres de distinta religión, lengua y cultura, de origen racial distinto, en consecuencia. El fundador —podemos decir— de esta empresa es el arcediano Gundisalvo o Domingo Gonzalvo, que muere algo menos de cien años después de la conquista de la ciudad por Alfonso VI.[22] Con él colabora un judío «Avenhut» o Aben Daud y traducen del árabe al latín. Siguen otros, incluso extranjeros: italianos, franceses, ingleses y alemanes. Hasta dálmatas. El resultado es inmenso. También es grandísimo el trabajo de los que traducen al romance castellano. El tema ha sido estudiado por grandes eruditos.[23]

No quedó excluida de aquella tarea la literatura. Es posible pensar que contribuyó, en gran parte, a crear la fama de Toledo como centro de una escuela de magia, porque varios de los traductores no desdeñaron traducir libros de carácter esotérico y en sus países fueron acusados de ser grandes magos, como les ocurrió a Gerardo de Cremona (1114-1187) y a Miguel Scoto. En todo caso, la escuela de traductores de Toledo supone un esfuerzo que puede considerarse equivalente a la misma estructura material de la ciudad, con el tono que le da la concentración de monumentos de primer orden de distintos estilos. Podríamos decir, así, que Toledo simboliza una «traducción» constante. Hay una lengua y una religión que son las que dominan en un momento: pero hay que *traducir* de otras lenguas y conocer las otras culturas y religiones coexistentes. Los traductores de Toledo lo mismo se enfrentan con Hipócrates y Ptolomeo que con *Calila y Dimna,* el *Corán* o el *Talmud.* Se mueven en un ámbito intelectual superior. Es el suyo un macrocosmos intelectual en un ámbito pequeño.

Hay ciudades cuya población fue también compuesta desde hace muchos siglos, que constaban y constan de tres y aun cuatro elementos étnicos y religiosos. Algunas grandísimas. En el *Viaje de Turquía* de Cristóbal de Villalón, escrito poco después de mediado el siglo XVI, se da, por ejemplo, el cálculo de que en Constantinopla habría cuarenta mil casas de cristianos, diez mil de judíos, más de sesenta mil de turcos. En conjunto más de cien mil casas, sin contar los arrabales o alrededores que darían diez mil más, de griegos pobres, pescadores sobre todo.[24] Éste no es el caso de Toledo. Aquí está todo concentrado, comprimido: pero con una fuerza que también se expresa en el dolor. Porque, en efecto, no hay que atender sólo a visiones histórico-culturales que dan idea de convivencia y colaboración. En la vida social de la ciudad hay memoria de grandes dramas. Aquí siempre la intensidad y la calidad priman sobre la extensión.

Notas. Capítulo V

1. Julio Caro Baroja, «Sobre ideas raciales en España», en *Razas, pueblos y linajes*, Madrid, 1957, pp. 141-154.

2. Pedro de Alcocer, *Historia...*, fol. XXVIII r. (libro I, capítulo XXXII).

3. Pisa, *Descripción...*, fol. 18 r. (libro I, capítulo IX).

4. Mora, *Historia...*, II, pp. 440-442 (parte segunda, libro III, capítulo XXXI).

5. El arzobispo es considerado como uno de los que sostuvieron más el «ideal gótico» en la historia de España.

6. Schlunk, *Ars Hispaniae*, II, p. 246 (fig. 250-p. 243).

7. *Ibid.*, pp. 311-320.

8. Élie Lambet, *Tolede*, p. 13.

9. Véase cap. I, 3.

10. Véase cap. I, 3.

11. La valoración distinta la analicé en *Los moriscos del reino de Granada* (Madrid, 1985), pp. 131-139.

12. Arabistas a los que he consultado sobre este punto me aseguran que la idea carece de base.

13. Véase también mi libro *Las formas complejas de la vida religiosa (siglos XVI y XVII)*, Madrid, 1985, pp. 521-528.

14. Según el testimonio de Don Luis Hurtado de Toledo, capítulo IV, sección 2.

15. *Obras*, (B.A.E., I) p. 12 c-14, a.

16. *Obras*, cit., ed. cit., pp. 9, a-10 a (romance tercero).

17. Véase cap. IV, 5.

18. Los textos más expresivos son los de Al-Himyarī, y el de Edrisi, sobre el que se inspira el primero.

19. Véase cap. IX, 3.

20. Véase cap. IX, 3.

21. M. Alonso Alonso, «Bibliotecas medievales de los arzobispos de Toledo», en *Razón y Fe*, CXIII (1941), pp. 295-309.

22. M. Alonso, «Las traducciones del arzobispo Domingo Gundisalvo», en *Al-Andalus*, VIII (1943), pp. 155-188.

23. R. Menéndez Pidal, «España y la introducción de la ciencia árabe en Occidente», en *España, eslabón entre la*

Cristiandad y el Islam, Madrid, 1956, pp. 33-60. G. Menéndez Pidal, «Cómo trabajaron las escuelas alfonsíes», en *Nueva Revista de Filología Hispánica*, V (1945), pp. 363-380.

24. *Viaje de Turquía*, ed. A.G. Solalinde, Buenos Aires, 1946, p. 303.

VI. Vidas en trágico contraste

1. *Los judíos en su marco general*

Dentro de Toledo, con independencia de los ciclos de dominio de pueblos con credo diferente, ha vivido uno a lo largo de los siglos sin que nunca haya sido dominante. Sí siempre dominado: el judío o hebreo. Resulta, así, una cuestión que intriga la de con qué notas se ha dado esta continuidad y cómo también ha producido lo que ha producido, hasta llegar a creerse que Toledo es ciudad fundada por los hebreos y hebraica en espíritu.[1] Hay que advertir que en esta última apreciación coinciden bastantes autores de fines del siglo XIX y comienzos del XX, propensos al efectismo o sensacionalismo y que toman la parte por el todo. Hay que reconocer también que la parte es importante, pero que ha dado lugar a una serie de sugerencias, conjeturas y amplificaciones que pueden desorientar.

Dejando ahora a un lado las invenciones acerca de los orígenes hebreos de la ciudad, la índole de los judíos toledanos en la época de comienzos del cristianismo y otras fábulas de las que ya se ha tratado algo,[2] conviene separar también lo que se sabe de cierto de los judíos de Toledo y lo que acerca del «judaísmo» general de la ciudad se expresa o insinúa en algunos de los libros referidos. Por ejemplo, en uno se dice que el Greco debía tener —y que la ciudad le atraería por esto— algo de israelita.[3] Con lo cierto ya hay bastante. Lo cierto presenta por un lado rasgos muy generales y por otro algunos particularísimos. Digamos primero algo de los generales.

A lo largo de los siglos, en lo que podemos delimitar como el Mundo Antiguo, se ha repetido la hostilidad al pueblo judío, a la que se engloba bajo el nombre de «antisemitismo», y de esta actitud hostil se han hecho muchas historias y análisis. No es cuestión ahora de volver sobre un tema trágico en general. Sí de subrayar que el «antisemitismo» supone siempre que a la determinación de la existencia de amigos y enemigos exteriores se pretende añadir la de otros enemigos interiores. Los hebreos estarán segregados en barrios, juderías, aljamas. Pero conviven. Los hebreos en general son enemigos; en el mundo medieval, por razones religiosas, sobre todo. Pero en particular pueden ser médicos de confianza, hombres que sacan de apuros a los grandes, que administran sus haciendas, que cobran los impuestos a los reyes y que aconsejan. Las judías, por su parte, pueden ser apetecibles. ¿Entonces? Entonces se crea una situación mixta, contradictoria, con oscilaciones. Hay períodos en que los judíos viven relativamente tranquilos y hasta prósperos. Otros en que padecen toda clase de persecuciones y son objeto de acusaciones graves. Algunas también estereotipadas. Sobre la figura del judío se crea una imagen que tapa al judío real. Un poco como pasó cuando a las brujas antiguas, que en un tiempo se creía que eran secuaces de algún numen de origen no cristiano como Diana, Holda, Perchita, etc., se las hizo simples y constantes adoradoras de Satán. Se llevó a efecto con ellas un proceso que podríamos llamar de «diabolización». Con los judíos hubo otro, si no igual, algo parecido, que produjo una serie grande de creencias que tuvieron para ellos consecuencias horribles. En tierra de Toledo se dieron algunos casos famosísimos producidos por ellas.

Pero, en todo caso, puede decirse, en primer término, que, así como el tamaño de la ciudad y el número de sus habitantes no corresponden a su importancia histórica, tampoco la judería de Toledo debía de ser tan grande como otras de España misma; pero desde el punto de vista monumental se ve que tenía una fuerza e importancia grandes y que los que construyeron sus sinagogas famosas eran pudientes desde antiguo, dejando a un lado las leyendas en torno a su origen.

2. *Los judíos de Toledo: problemas antiguos*

Se conoce un repartimiento hecho en 1474 a las aljamas de la corona de Castilla, con las cantidades que tenían que pagar los judíos de cada una de ellas, y por él se advierte que, en efecto, la de Toledo no podía ser de las comunidades más pobladas. Porque si los judíos de Segovia y Turégano pagaban 11.000 maravedíes y los de Ávila 12.000, Toledo con los de Lillo, Torrijos y Galves pagaba sólo 3.500.[4]

El asentamiento de los judíos en Toledo, dejando leyendas a un lado, parece bastante remoto, aunque la ciudad no da inscripciones antiguas como ciertas localidades del litoral mediterráneo (Adra, Tortosa, Tarragona).

Los israelitas se extienden por Occidente en forma parecida a como lo hacen los cristianos. Pero con el triunfo de éstos se dan pronto medidas para que sean segregados, las cuales van aumentando. También agravándose. La legislación general visigoda, más antigua, es ya restrictiva. Pero resulta que la más abundante y severa la registran los concilios toledanos a partir del tercero, en el que Recaredo repudia el arrianismo. Ya en el canon XIV de este concilio se ve que había población hebrea considerable, que los judíos solían coger mujeres y concubinas cristianas, que catequizaban a sus esclavos. Todo esto se prohíbe. También que tuvieran cargos públicos.[5] Después, en tiempo de Sisebuto, el año 613, se les pone en el trance de bautizarse o salir desterrados: a esta alternativa se refiere el canon LVII del cuarto concilio, del año 633, reprobándola, porque dio lugar a la existencia de falsos convertidos.[6] El problema de los conversos se da así en el siglo VII, como en los siglos XV, XVI y XVII. Los que lo eran «judaízan», según la expresión vulgar. En el sexto concilio toledano se presenta a los conversos de la ciudad, en la basílica de Santa Leocadia, como en marcha dentro del cristianismo. La unidad católica se vuelve a proclamar, en el canon III.[7] Pero los textos indican que después, como otras veces, las proclamaciones de unidad definitiva carecen de contenido real. Los hechos se repiten. Toledo es la sede de diez y siete concilios. Los cánones de algunos reflejan desconfianza, como el XVIII del noveno.[8] El concilio doceavo es particularmente severo con los judíos no convertidos. Largo es el canon IX.[9] Severo también el I del concilio penúltimo.[10] Pero en el último del 694, en tiempos de Égica, se advierte que está clara la acusación de conspiración contra el poder político,[11] en un sentido que luego se ha repetido muchas veces: parecido al de las acusaciones de conspiración «judeo-masónica» de nuestros días. El caso es que también se indica que los judíos de la península conspiran con los de África y con los conversos, con objeto de usurpar el trono para ellos, provocando la ruina del poder visigodo.[12]

De ser esto verdad, resultaría que lo que se dijo después, respecto a la colaboración de los judíos en la entrega de Toledo a los árabes, tendría un fundamento diez y siete años antes. Los judíos —dicen las crónicas tanto árabes como cristianas— ayudaron decididamente a los árabes, y la memoria de esto pesó hasta el mismo siglo XVI, cuando se impone en la catedral el estatuto de limpieza de sangre. El largo período en que los judíos de Toledo viven bajo dominio árabe no es bien conocido. Pero en él se fijan hechos que influyen en la configuración poste-

rior de la ciudad. La «Madinat al-Yahud» se localiza
clara sobre el Tajo. El año 820, después de amplia-
da, se cerca. Los judíos parecen haber tenido un
significado económico muy fuerte como intermedia-
rios entre la España árabe y la cristiana. Más tarde,
conquistada la ciudad por Alfonso VI, su suerte
vuelve a manifestarse con los rasgos contradictorios
que se dan una y otra vez en las sociedades cristianas medievales. Hay, así, memoria de que Alfonso
VI protegió y utilizó a los judíos, de suerte que Gregorio VII le reprendió por ello. También de que en
1109 hubo un motín contra los mismos. En algún
autor árabe se cuenta que los judíos, después de la
batalla de Alarcos, que fue desastrosa para los cristianos, compraban a los prisioneros al momento,

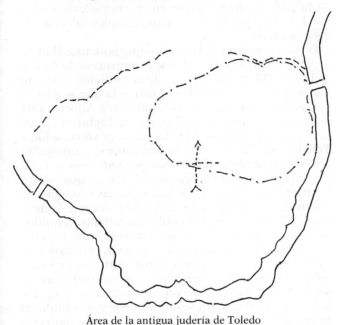

Área de la antigua judería de Toledo

para venderlos en los mercados de Andalucía, y la noticia de que esto ocurría pudo, naturalmente, provocar iras populares. En todo caso, los judíos y judías siguen viviendo en situación dramática, incluso en el sentido teatral de la palabra, dentro de un espacio especial: la judería.

3. *Vidas dramáticas*

A lo largo de esta historia se han destacado algunos episodios dramáticos que reflejan muy bien el destino contradictorio en sí de algunos judíos y judías de Toledo, que terminan trágicamente. Hay otros en que se hace participar a grupos de personas de la raza y que se basan en creencias extendidas por Europa, que han producido grandes infortunios a los hebreos.

Digamos primero algo de los que podemos llamar dramas individuales. Los que compusieron la *Crónica General* debieron recoger de la tradición oral una historia de amor muy dramática, a la que se dieron varias interpretaciones. Cuando el rey Alfonso VIII acababa de casarse con Leonor de Inglaterra, que era hermosa, pero niña de doce o trece años, se fue a Toledo con ella. Pero en Toledo conoció a una judía a la que llamaban «Fermosa» por antonomasia. La pasión del joven monarca por ella fue tal que, según la tradición, vivió siete años encerrado con su amante, sin atender a negocios ni a deberes conyugales. El caso es que los nobles castellanos reunidos acordaron sacar al rey de aquella situación. Un grupo fue a hablarle y otro, mientras tanto, entró donde estaba su amante «en muy nobles estrados» y la degolló, con toda su compañía. El rey se quedó indeciso. Unos súbditos fieles consiguieron sacarle de Toledo y le llevaron a Illescas. De noche y pensando en la muerta, se le apareció un ángel que le reprochó esto. El rey se arrepintió y pidió perdón a Dios e hizo las paces con su mujer.

Dejando aparte el episodio sobrenatural, la muerte de «Fermosa» (que es Raquel desde que Lope la bautizó así) se ha explicado por dos causas: una, política. Los nobles ven con preocupación y escándalo la desidia del monarca. Claro es que lo de los siete años parece exageración y ha servido de argumento para negar la historicidad del hecho. Hay otra explicación más particular: la de que fue la reina niña la que hizo que nobles adictos mataran a «Fermosa». De cualquier modo, a Menéndez Pelayo —que se sentía pecador creyente— lo que le parecía afrentoso no es que el rey se enamorara, sino que «los ricos hombres de Castilla se conjurasen para asesinar a una infeliz mujer». El episodio dramático pudo quedar pronto envuelto en invenciones: «Fermosa», desde cierto punto de vista, es una precursora de las mujeres fatales, pero muere víctima de su hermosura. Es también el arquetipo de muchas muchachas de su raza, que fueron amantes de reyes, nobles e hidalgos, de los que tuvieron descendencia, la cual por eso se encontró en situaciones equívocas generación tras generación.

Como es sabido, Lope de Vega desarrolló el tema dos veces. Primero, en el libro XIX de la *Jerusalén conquistada*, obra aparecida en 1609. Después, en *Las paces de los reyes y judía de Toledo*, que se imprimió en la parte séptima de sus comedias, en 1617. Como siempre, Menéndez Pelayo analizó esta obra con cariño, estudió las fuentes y también dio noticia de las que se compusieron después con el mismo tema: desde *La desdichada Raquel* de Mira de Amescua (1635), a la refundición de ésta por Diamante *(La judía de Toledo)*, al poema de Ulloa y Pereira, que data de 1650, y a la famosísima tragedia de Vicente García de la Huerta, *Raquel*, de 1778, concluyendo con el drama de Grillparzer de 1824, *Die Jüdin von Toledo*, en iambos y trocaicos (en la primera escena), con la trama de Lope. Ésta sedujo a románticos españoles como Asquerino y Trueba y Cossío, y no faltaron quienes compusieron romances sobre el asunto.[13] Una historia en que hay pasión, belleza, amor, juventud y triste desenlace es muy apta para el teatro. Hay otras que también son trágicas, pero que no tienen semejante línea teatral, o que sólo sirven como elemento parcial en una obra dramática. En el primer caso hay que incluir alguna referente a tesoreros de reyes, judíos. En el segundo, otras, relativas a médicos, igualmente judíos, con favor en la corte.

En el año undécimo de su reinado, don Pedro hizo prender a don Samuel o Simuel el Leví, judío toledano, que había acrecentado muchísimo los tesoros reales con ayuda de su parentela, pensando en que se había enriquecido en exceso, defraudándole. El tesorero mayor, que había sido uno de sus principales consejeros, murió en Sevilla a consecuencia de los grandes tormentos que padeció porque se creía que siempre ocultaba algo. Sin embargo, en la crónica de Ayala se indica que en Toledo se le hallaron 160.000 doblas, 4.000 marcos de plata, ciento veinticinco arcas de paños de oro y seda, joyas y ochenta esclavos «moros é moras, é morezno». A sus parientes se les confiscaron 300.000 doblas. Esto el año 1360.[14] He aquí un ejemplo de cómo se pasa del favor a la muerte cruel.

En la sociedad medieval castellana, toledana concretamente, vemos que se repite un hecho que se da una y otra vez en sociedades muy distintas. Los judíos tienen en su poder las tres fuerzas vitales más solicitadas por el hombre. La riqueza, en primer lugar. En segundo, la salud, porque su fama como médicos es proverbial. En tercero, la hermosura de las mujeres. Esto explica que siempre y pese a todo tengan una posición destacada en la sociedad, espectacular, envidiada y peligrosa.

Durante los últimos tiempos de la Edad Media se observa que la «cuestión judía» en Toledo se mezcla con asuntos de política general. Es decir, se afirma que don Pedro I, llamado el Cruel por unos, el Justiciero por otros (rey de 1350 a 1369), fue protector de los judíos; en un momento dado, castigó a los toledanos que habían asaltado la judería (1355). Más tarde siguió una política en el mismo sentido y esto hizo que su hermanastro don Enrique, el que le mató y sucedió, adoptara, en principio, durante la guerra civil, una posición contraria. Del padre Mariana es este texto en que se cuentan los últimos instantes de don Pedro: «Frosarte, historiador francés de este tiempo, dice que don Enrique al entrar de aquel aposento dijo: '¿Dónde está el hideputa judío que se llama rey de Castilla?'. Y que don Pedro respondió: 'Tu eres el hideputa, que yo soy hijo del rey don Alonso'».[15] En todo caso, don Enrique y los Trastámara, aunque parece que en cierto modo tuvieron que seguir la política económica de don Pedro, a ojos del pueblo son antijudíos e incluso víctima alguno de la perfidia de éstos.

4. Leyendas horribles

Pero aquí entramos una vez más en el campo de las creencias populares o popularizadas que atribuyen a los judíos hechos monstruosos, dictados por una especie de consignas, en odio a los cristianos, que, a la par, se dan como perseguidores de los mismos judíos y pretenden justificar con ellas la persecución. Unas se refieren a actos individuales en medios sociales muy elevados, cuando los judíos no habían sido expulsados. Otras, a hechos que se dice ocurrieron poco antes de la expulsión en medios populares. Don Cristóbal Lozano, capellán de los Reyes Nuevos, afirma rotundo al final de su libro:

«Don Enrique tercero, llamado el Doliente, murió atosigado del Médico que le curava, mal Judío, llamado Don Mayor, como lo confessó el mesmo. Por cierto en mi sentir, que quando no hubiera otras causas, ni razones que honestassen el pretexto, bastaría esto sólo para hazer mil Estatutos; que si dize el refrán *que por unos pierden otros*, en ningún caso se ajusta mejor que aquí; que aunque aquí ay muy buenos conversos, como lo fueron Don Pablo de Cartagena, sus hijos, y otros muchos, no es razón que entre a Capellán Real, el que traxere origen, o tuviere alguna sangre de la que mató a sus Reyes».[16] Subrayamos en este párrafo el que en pleno siglo XVII se diga que «aquí» hay buenos conversos. Lo de la muerte de don Enrique lo desarrolla antes en forma dramática.[17] Por el texto se ve, también, que la idea de imponer el estatuto de limpieza al clero de la capilla de la catedral se tuvo ya en 1530 y que por mayoría se aceptó, un año más tarde, aunque no se llegó a aplicar hasta que el arzobispo Silíceo lo obtuvo para toda la catedral,[18] como se verá después.

A lo largo de la historia se repite el hecho de que los grandes tengan mucha fe en la sabiduría de los médicos judíos y de que el pueblo les tenga miedo y odio, porque dice que son envenenadores de la gente que no es de su fe. Huarte de San Juan cuenta una anécdota relativa a cómo hallándose Francisco I de Francia enfermo envió a Carlos V un mensaje pidiendo que le mandara un médico judío. En España hubo risa en torno a la petición, pero Carlos V buscó un médico «cristiano nuevo» a su rival, el cual al saber que estaba bautizado no lo quiso utilizar y pidió otro, judío de religión, a Turquía.[19] La anécdota es bastante sospechosa, porque Carlos V tenía que saber de sobra que en España y en su época no había judíos que pudieran practicar su fe. En todo caso, los médicos judíos de Toledo estaban antes muy acreditados,[20] pese a las patrañas que se urdieron en torno a ellos. Respecto al miedo que producían en el vulgo, como posibles envenenadores, tiene expresiones muy divulgadas en librillos que corrieron mucho hasta el siglo XVIII, como el *Centinela contra judíos* de fray Francisco de Torrejoncillo, suma absurda de truculencias. Allí se copia una supuesta «Carta, que los judíos de Constantinopla emviaron a los de Toledo», de un libro de Ignacio Maldonado del Villar (en realidad Villar Maldonado),[21] en que se les dan consignas contra los cristianos y entre ellas ésta: «Haced vuestros hijos médicos, cirujanos, boticarios, barberos, y quitársela han (la vida) a ellos, sus hijos y descendientes las suyas».[22] De la misma fuente saca «testimonios» en este sentido.[23]

Aparte de la leyenda en torno a don Enrique el Doliente hay otra que dio lugar a una de las escenas más dramáticas de *La prudencia en la mujer,* de Tirso de Molina. La que desarrolla en secuencia el trato de don Juan, pretendiente al trono, figura de traidor, con el médico Ismael, para que éste envenene al rey niño, Fernando IV: cómo Ismael se dispone a ello y le intercepta el paso a la cámara real la caída de un retrato de la reina viuda doña María de Molina y cómo al volverse, aterrado, se encuentra a la misma y se bebe el tósigo, muriendo.[24]

5. *Un episodio famoso en la historia de la Inquisición*

La «teoría de la consigna» se cultivó, pues, con insistencia, y Toledo y su tierra parecen haber tenido grandes defensores de ella a lo largo de los siglos.

Aparte de las historias individuales, de las biografías trágicas, existen, como decía antes, hechos colectivos, más ligados con esa especie de folklore negro que se creó en tiempos remotos en torno a los judíos y que periódicamente ha tenido graves consecuencias. En Toledo y tierra toledana se dio uno de los casos más terribles que pueden recordarse dentro de un ciclo repetido: el del llamado «Santo niño de La Guardia», o el «niño inocente».

Este episodio horrible fue divulgado y conocido primero a través de escritos tardíos en relación con la fecha en que tuvo lugar un proceso inquisitorial, que permaneció en secreto, como casi todos. Hay, en efecto, un manuscrito de 1544 debido al licenciado Damián de Vegas, notario apostólico de La Guardia, que se conserva en la Biblioteca Nacional (ms. Aa 105), que sirvió de base a la *Historia de la muerte y glorioso martirio del Sancto Inocente que llaman de La Guardia* (Madrid, 1583) de fray Rodrigo de Yepes, monje jerónimo en Madrid. Luego se publicaron varios libros más. Lope de Vega escribió su pieza teatral *El niño inocente de La Guardia* sobre el texto de Yepes, y Cañizares hizo un calco de la misma. Don Marcelino Menéndez Pelayo comentó con mucha erudición y amor el texto lopesco y dio noticia de los demás. Pero empezó tomando por base las actas del «Proceso de Jucé Franco, judío», publicadas por el padre Fita en 1887,[25] que difieren no poco de lo que dicen los otros textos aludidos, empezando por la fecha del suceso que Jucé Franco, en julio de 1491, dice que ocurrió «podía aver tres años», es decir, hacia 1489. Los hechos de que se da noticia son éstos:

1.º Tiempo antes y con escenario en la ciudad de Toledo se juntan un judío de Quintanar y otros que eran de los bautizados, del mismo pueblo, de La Guardia y de Tembleque. Les dominaba el temor común respecto a lo que les podía suceder a causa del funcionamiento de la Inquisición, recientemente fundada.

2.º El judío de Quintanar les dijo que él tenía conocimiento de cierto hechizo que había de hacerse con el corazón de un niño y una hostia consagrada, que tendría la virtud de que, puesto en corrientes de agua y fuentes, los cristianos que bebiesen sus aguas perdiesen el juicio y aun la vida y prevaleciese la ley de Moisés.

3.º Los conjurados hacen diligencias para encontrar un niño de tres o cuatro años, para matarlo. Ahora bien, antes quieren que experimente todos los tormentos y oprobios de la Pasión de Cristo. Esto para demostrar que las profecías no se referían sólo a él.

4.º El niño inocente que encontraron se llamaba Juan, era hijo de Alonso de Pasamonte y de Juana Guindera, vecinos de Toledo. Un judío llamado Juan Franco lo raptó en la puerta del Perdón de la catedral el día de la Virgen de agosto, en que había gran concurso de aldeanos.

5.º Al niño le llaman Cristóbal, a su madre María, al juez Pilatos.

6.º El niño vivió en La Guardia, en casa de Franco, hasta que llegó la luna del mes de marzo.

7.º Lo llevan a una cueva en la parte meridional de la población y remedan todos los actos de la Pasión, asignándose los papeles de Anás, Caifás, etc.

8.º Muerto, lo enterraron. José Franco y sus cómplices fueron quemados en Ávila el 16 de noviembre de 1491.[26]

Sólo tiempo después aparece Hernando de Ribera, contador del prior de San Juan, haciendo de Pilatos, y también el episodio de la ida de uno de los conjurados a Francia para que un rabino francés dé la fórmula del hechizo. Otro episodio añadido es el del hidalgo francés pobre, que se compromete a vender un niño y lo sustituye por un puerco, episodio que aprovechó Lope, que, sin duda, al escribir su obra se sintió familiar del Santo Oficio ante todo. No cabe imaginar el efecto que podía producir en el público de su época la simulación de la crucifixión del niño inocente en las tablas y otras escenas espeluznantes. El drama sobrepasa todos los límites, pese a que el conde Schack lo incluyera entre los mejores de Lope; otros le llamaron en el caso «poeta de Belial» y diabólico.[27]

Pienso que se trata de una obra demasiado oportunista, con pasajes bastante peregrinos. Porque, a veces, el lector moderno observa que las razones que tienen los judíos conversos para abominar de la Inquisición y de los dominicos están bien expuestas por Hernando de Ribera y la situación descrita por Quintanar puede producir compasión.[28] El culto al niño ha dado lugar a que se grabaran estampas e hicieran pinturas.

Éste no es el único caso español de acusación y juicio por supuesto asesinato o muerte «ritual». Algo que ha producido una literatura tan abundante como cansada. Desde épocas antiguas del cristianismo hasta nuestros días la acusación se ha repetido en toda Europa, como se puede ver en el artículo «Ritual moral» del diccionario de creencias alemanas de Bächtold-Stäubli y Hoffmann-Krayer.[29] Pero aquí va unido a un designio especial en época en que concretamente en la ciudad se vivía en estado de tensión continua, no sólo a causa de la vigilancia de la Inquisición, el espíritu de denuncia entre gente mal avenida y la posible existencia de bautizados por la fuerza que seguían teniendo la fe mosaica, sino también por los problemas sociales que plantean los estatutos de pureza o limpieza de sangre entre los cristianos, con frecuencia nobles, con alguna ascendencia judía.

La obsesión popular por el criptojudaísmo se expresa en el llamado romancero vulgar, en pliegos de cordel como el titulado, precisamente, *El judío de Toledo*, que narra el caso supuesto de una hermosa y noble dama muy religiosa, que se casa con un galán apuesto. Viven muy unidos; pero ella nota ciertas ausencias nocturnas, se inquieta, siente celos, le sigue y se le encuentra en un sitio recóndito afrentando a un Cristo y ensañándose con él. Mata a su mujer, le prenden y es quemado por sentencia inquisitorial.[30] Hay otros romances de ciegos tremebundos, de este mismo corte. Pero se refieren a otras ciudades y actos.[31] Todo esto, claro es, se recoge en obras populacheras, como la del padre Torrejoncillo, en la que se hace gran elogio de que en Toledo mismo dieron la nota máxima de esta tendencia violenta, instaurando el estatuto de limpieza en la catedral.[32]

6. El estatuto de limpieza

Acerca de este hecho, que causó sensación en su época y que fue muy discutido, incluso dentro de la cristiandad, existe una historia o narración escueta en cierto manuscrito, que perteneció a don Luis de Salazar y Castro, y que se halla en la Real Academia de la Historia.[33]

Dice pues, el texto, según este manuscrito que no es de la época, ni mucho menos, que «El estatuto y limpieza de sangre *(sic)* que ay en la Sancta Yglesia de Toledo tuvo su principio y procedió en la manera siguiente». Un martes, 19 de julio de 1547, el arzobispo de Toledo don Juan Martínez Silíceo (latinización de Guijeño) reunió a las dignidades catedralicias, con el deán en cabeza, e hizo leer al secretario «cierto estatuto que hablara acerca de las qualidades que devian tener los beneficiados que han de ser admitidos en esta Sancta Yglesia». Después se nombró una comisión para que lo discutiera antes de resolver.[34] El sábado 23 hay nueva reunión para votar en un sentido u otro. Estuvieron presentes veintiocho votantes. Faltaban algunos de los que debían hacerlo, pero el secretario leyó, sin embargo, el texto puesto a votación, en que se indicaba cómo siendo la iglesia de Toledo no sólo la más importante de

España, sino también la segunda de la cristiandad (después de Roma), las dignidades, «canónigos, racioneros, capellanes y clerizones», debían responder en «limpieza de linaje» como de vida a tanta majestad y grandeza, de suerte que los que «vinieran al servicio de esta Sancta Yglesia sean Christianos viejos que no deciendan de linaje de judíos ni de moros ni de herejes». Los que ya estaban podían ascender.[35] La votación fue movida. El primado, naturalmente, votó a favor. Pero ya el deán, don Diego de Castilla, votó por escrito diciendo que de hacer la reforma «que sólo en ella de aquí adelante se admittan Cavalleros Iltres. y noble hidalgos o Letrados graduados por rigor de examen conforme a las pragmáticas destos Reynos: y no otra persona alguna. Porque admitir otra gente baxa y popular sin tener otras qualidades que las ayude so color de sólos Christianos viejos, es destruyr la grandeza y autoridad de esta Sancta Yglesia y la orden de ella».[36]

En estos dos primeros votos nos encontramos con la clave del problema. El arzobispo era, sin duda, «cristiano viejo», pero plebeyo.[37] El deán, noble, descendiente incluso de don Pedro I de Castilla, pero con ascendencia judía por una antepasada. La respuesta, pues, es directa. Pero hubo otro impugnador que fue el capiscol y canónigo don Bernardino Zapata, que votó, también por escrito, en contra, diciendo que el estatuto era cosa nueva y contra derecho, porque produciría divisiones y escándalos en deservicio de Dios y de la república, como ya había pasado en otras partes, dentro de Toledo; la experiencia había hecho también que don Alonso Carrillo, arzobispo, por los años de 1480 prohibiera bajo grandes penas tales estatutos en aras de la unión y pacificación de los fieles. Alegaba también la prohibición contenida en una bula de Nicolás V y otros textos canónicos contrarios a la discriminación, pidiendo consulta a Roma.[38] Luego hay una serie de votos a favor de don García Manrique, don Diego López de Ayala, don Pedro del Campo, don Blas Ortiz, don Francisco de Gómara, don Francisco de Sylva, don Juan de Mariana, don Rodrigo Dávalos, el licenciado Francisco García Silíceo, don Pedro Navarro, don Diego de Guzmán.[39] Tras estas votaciones afirmativas hay otra por escrito, del doctor Peralta, en que insiste en que la discriminación va contra la enseñanza e intenciones del Redentor como se ve por los textos evangélicos, y continúa: «este estatuto no puede causar sino grandes odios y enemistades entre unas gentes y otras andando inquiriendo linages y raça sería que pues en tiempo de heregías grandes que andavan en España dissimularon en semejantes estatutos los prelados antepassados haviendo entre ellos tanta gente sancta y tanta gente docta, tanta gente illustre, tan prudentíssimos que por su prudençia no sólo les encargaron el govierno de el Arzobispado más de toda España dissimularon también los capitulantes passados siendo hombres sapientíssimos y doctíssimos razón sería que dissimulassemos nosotros, en tiempos que por graçia de Dios está todo pacífico con gran Christiandad.»[40] Don Esteban de Valera se remitió al voto del doctor Vergara, y don Bernardino de Alcaraz, maestrescuela, lo contradijo remitiéndose también al voto de don Bernardino Zapata, el capiscol, haciendo que se transcribiera el texto de Nicolas V.[41] Apoya este voto el de Don Gaspar de Aponte. Don Rodrigo Zapata apoya el de don Diego de Castilla, así como el protonotario Antonio de León, Miguel Diez, Juan de Salazar y Juan de Vergara. En cambio, don Francisco Téllez vota a favor, así como Alonso Ruiz, Pedro de Rivadeneyra, Gaspar de Quiroga, Antonio de Castro, Diego Ortiz, Ramiro de Guzmán, Pedro Cebrián y Juan Delgado.[42]

La votación no dejaba lugar a dudas. Se decidió que el resultado se comunicara a Roma y al emperador, como se ve por los acuerdos que siguen, del 27 de julio,[43] y del 29.[44] Luego hay insistencia en mantener los puntos de vista encontrados: ocho contra veintitrés no podían obstruir la marcha. Las actas se interrumpen hasta septiembre, en que el cabildo vuelve a reunirse[45] y se notifica que el Príncipe, es decir el futuro Felipe II, contesta diciendo que esperen a la vuelta del Emperador.[46] Esta respuesta dilatoria da origen a nuevas reuniones y a más papeleo.[47] Pasa algún tiempo. Pero al fin la carta de Carlos V llega y se notifica su contenido a 17 de marzo de 1548. En la carta se da aprobación y licencia para que el asunto pase a Roma.[48] Hay nuevas discusiones, nuevas votaciones (se sabe que en casos fueron muy acaloradas y violentas). Pero ya no había más que obedecer, como se hizo el viernes 18 de mayo de 1548.[49] La confirmación papal no dejaba lugar a discusiones[50] y como coronación se afirma que, contra lo que habían dicho los impugnadores, no hubo al aplicarlo —según el arzobispo— ni escándalos, ni muertes ni otra «injuria que se sepa».[51] El asunto coleó hasta fines del año 1548.[52] Pero quedó concluido, como lo apuntan los viejos historiadores toledanos.[53]

1. Véase cap. I, 3.
2. Véase cap. I, 3.
3. Alexandra Everts, *El Greco*. Prólogo y traducción de Gregorio Marañón, Madrid, 1935, pp. 59-60.
4. *Censo de población de las provincias y partido de la Corona de Castilla en el siglo XVI*, pp. 114-115.
5. *Colección de cánones de la Iglesia española...*, edición de J. Tejada y Ramiro, II, Madrid, 1850, p. 245.
6. *Ibid.*, cit., I. pp. 304-305.
7. *Ibid.*, cit., I. p. 334.
8. *Ibid.*, cit., I. p. 405.
9. *Ibid.*, cit., I. p. 476-478.
10. *Ibid.*, cit., I. pp. 564-565.
11. *Ibid.*, cit., I. pp. 603-604, Canon VIII.
12. Esto se lee en la exposición del rey a los padres conciliares, que queda antes del texto del concilio mismo. *Concilio de cánones..*, cit., I. p. 593.
13. Menéndez Pelayo, estudio en *Obras de Lope de Vega*, XVIII (B.A.E., CXCVII), pp. 96-114.
14. *Crónica del rey Don Pedro*, año onceno, capítulo XXII, *Crónicas de los reyes de Castilla*, edición de Eugenio de Llaguno y Amirola, I, Madrid, 1779, p. 323.
15. *Historia de España*, libro XVII, capítulo XIII. Tomo VII de la ed. de Madrid. 1841, p. 81, b. El texto de Froissart está en el capítulo CCXLV, bastante al final.
16. Lozano, *Reyes Nuevos*, p. 430 b (libro IV, capítulo XVI).
17. *Ibid.*, pp. 423, a-426, b (libro IV, capítulo XIV).
18. *Ibid.*, pp. 430, a-432, b (libro IV, capítulo XVI).
19. *Examen de ingenios para las sciencias*, Baeza, 1594, fol. 235 r-236 r. (capítulo XIV). Hernando del Pulgar, en una de las cartas que se publicaron en el *Libro de los claros varones de Castilla*, se dirige a cierto amigo suyo, caballero anciano residente en Toledo, y le procura consolar dada su edad. Recuerda que tiempos atrás para un enfermo era privilegio vivir en la ciudad, utilizando el testimonio de Fernán Pérez de Guzmán, que decía que el obispo Don Pablo de Santa María había escrito el Condestable viejo:

«plázeme que estays en ciudad de notables físicos e substanciosas medicinas». Pero en el momento –prosigue– sería difícil decir lo mismo, porque los obreros amotinados habían echado de allí a los médicos, de suerte que en Toledo estaban «fornescidos de muchos mejores obreros alborotadores que de buenos físicos naturales»: porque los médicos eran judíos. Letra IV, fol. 1r. (p. 107 de la edición facsimilar de Barcelona, 1970).

20. Véase p. 102.

21. Se cita su *Sylva responsorum iuris, in duos libros divisa*, Madrid, 1614.

22. *Centinela contra judíos, puesta en la torre de la Iglesia de Dios, con el trabajo, caudal y desvelo del P. Fr...*, Pamplona, 1720, pp. 86-87.

23. *Ibid.*, ed. cit., pp. 87-88.

24. Acto II, escenas I-IV. En *Comedias de Tirso de Molina*, B.A.E., V, pp. 293, a-294, c.

25. *Boletín de la Real Academia de la Historia*, XI (1887).

26. Menéndez Pelayo, estudio cit., en *Obras* de Lope, X (B.A.E., CLXXXVI) pp. 11-15. El estudio sigue hasta la pág. 21, continuación.

27. Menéndez Pelayo, *op. cit.*, p. 21.

28. El texto en *Obras*, XI (B.A.E., continuación, CLXXXVI) pp. 161-213.

29. *Handwörterbuch des deutschen Aberglaubens*, VII, Berlín, Nueva York, 1987, cols. 727-739 de Peeraket.

30. *Romancero general*, II (B.A.E., XVI), pp. 355, a-357, a (n.º 1325).

31. Así el de *Los siete judíos de Roma*, en dos partes, *Romancero general*, cit. II, pp. 357, a 359, b (n.º 1325, 1 y 2).

32. El *Centinela contra judíos* se publicó en Madrid, en 1676 y tuvo muchas ediciones, hasta avanzado el XVIII. Moratín, hijo, lo daba como lectura común en su época. Julio Caro Baroja, «El criptojudaísmo en España» en *Razas, pueblos y linajes*. Madrid, 1957, pp. 118-119.

33. «Relación de lo que pasó para establecer el estatuto de limpieza en la Sta. Igla. de Toledo y acuerdos de su Cabildo sobre esta materia y es el primero a 19 de julio año de 1547. Era su Arzo. el Cardenal Silíceo», Real Academia de la Historia, ms. 9/1207.

34. *Ibid.*, fol. 1 r. vto.

114

35. *Ibid.*, fols 2 r. 3 r.
36. *Ibid.*, fol. 3 r. vto.
37. El doctor Pisa, *Descripción...*, parte primera, fols. 258 vto. 262 vto. (libro V capítulo XXII), dedica bastante espacio a la biografía del arzobispo; sigue a los fols. 263 vto., 264 r (libro V, capítulo XXIV).
38. «Relación...», cit., fols. 4 vto. 6 vto.
39. *Ibid.*, fols. 6 vto.-7r.
40. *Ibid.*, fols. 7 r.-7 vto. Otros argumentos ya dados antes por Zapata van luego, textos copiados hasta el fol. 10 r.
41. *Ibid.*, fols. 10 r. 17 vto.
42. *Ibid.*, fols. 17 vto. 18 r.
43. *Ibid.*, fols. 18 vto 20 r.
44. *Ibid.*, fols. 20 r.– 23 r. con la constitución redactada.
45. *Ibid.*, lunes 19 de septiembre de 1547, el martes siguiente, fols. 26 vto.– 28 r.
46. *Ibid.*, Viernes, 23 de septiembre, fols. 28 r. –29 vto. Después la copia de la respuesta, fols. 29 vto.– 30 vto. (del 3 de septiembre).
47. *Ibid.*, fols. 30 vto.– 44 vto.
48. *Ibid.*, fols. 44 vto.– 45 vto. Es del 11 de febrero.
49. *Ibid.*, fols. 49 vto.– 51 vto.
50. *Ibid.*, texto latino, fols. 65 r.– 72 r. Roma, a 28 de mayo.
51. *Ibid.*, fol. 73 r.
52. *Ibid.*, 17 de diciembre, fol. 79 vto.
53. Pisa, *op. cit.*, parte primera, fols. 256 r.– 256 vto. (libro V, capítulo XX).

VII. Toledo cristiana

1. *Fases en la historia de Toledo cristiana*

Se habla mucho de Toledo hebrea, y los arqueólogos e historiadores del arte resaltan la importancia de los monumentos árabes. Pero siempre hay que reconocer que en el devenir de la ciudad prima lo cristiano: este elemento fundamental de su vida no va referido a una sola lengua, ni a una raza. Dentro de lo cristiano hay que distinguir períodos o ciclos. También influencias. Las primeras cristiandades de Toledo dan mártires. Después viene un período en que la ciudad es sede de concilios y en ellos se realizan grandes codificaciones generales. Más tarde, a lo largo de la dominación musulmana, hay un núcleo mozárabe interesante, de cristianos arabizados. Viene luego el período más rico y esplendente en que a Toledo llega lo mejor de la Europa cristiana y aún hay otro posterior castizo, de un catolicismo que podría considerarse como más «nacional». No siempre para bien. Porque es el que, por ejemplo, le da a la ciudad un tribunal del Santo Oficio de los más importantes y activos: un elemento sombrío que pesó mucho sobre la gente del país y de fuera. No cabe duda de que cantar a los mártires propios es más poético que hacer mártires ajenos. Todo lo que se refiere a los primeros que hubo en la ciudad se recuerda en templos, fiestas y relatos, y ha producido el entusiasmo popular. Puede decirse que con razón, porque la imagen de la tierna doncella que arrostra las iras del magistrado imperial y es mártir por su fe es de las más queridas allá donde aparece. En Toledo esta doncella es santa Leocadia.

Como en tantas ocasiones más, su martirio se fecha en época de Diocleciano, y su fiesta es el 9 de diciembre. Hay varios textos antiguos sobre ella.[1] Tanto los historiadores generales de España y de su religión, como los particulares de Toledo, le han dedicado atención especial y no faltan tampoco biografías más o menos ajustadas. El padre Flórez dio el texto más acreditado, así como la oración del misal mozárabe en su fiesta.[2] Es corto y en general se refiere a la persecución contra los cristianos ejercida por Daciano, que, en Toledo, reprocha primero a la doncella el que siendo de linaje noble no sea pagana de corazón. El culto existía con mucha fuerza ya en época visigoda. Los toledanos han sido entusiastas de su santa: y hay un himno mozárabe, en latín, honrándola.[3] Se dice que tres iglesias se hicieron: donde vivió, junto a San Román, donde estaba la cárcel en que murió, junto al Alcázar, y otra donde la enterraron en la Vega, junto al Tajo. Esta iglesia es la de los concilios.[4] Hay memoria de otras mártires toledanas, como Obdulia y Marciana, y de varones que vivieron fuera.[5]

Después, viene la época de los concilios en que en Toledo se celebran varios antes del período visigótico: uno hacia el año 396, contra los priscilianistas; otro el de 400. Luego viene la serie de la época visigoda, durante la cual hay en Toledo santos de mucha importancia y fama como san Ildefonso (657-667), el *Capellán de la Virgen* de Lope, representado tantas veces por el Greco, y san Julián (680-690), historiador de Wamba, superior en técnica y estilo a los de su tiempo. Después de la conquista siguió habiendo prelados en la ciudad, alguno herético, como Elipando; otros electos y martirizados, como san Félix.[6] Más adelante, santas con un carácter más poético y legendario.

A época tardía del dominio árabe sobre Toledo corresponde, según tradición, la vida de una santa famosa en España, no conocida fuera: santa Casilda. En breviarios antiguos de Burgos y Palencia se dice que era hija de cierto rey moro de Toledo (1038 a 1075), al que se llama de modos diferentes. Era Casilda o «Casila» doncella caritativa con los cautivos cristianos que vivían en mazmorras contiguas al palacio paterno[7] y así les auxiliaba cuanto podía, con alimentos sobre todo. Un día en que hacía esta caridad se encontró con su padre, sospechoso, que le preguntó qué llevaba en la falda recogida: la doncella le dijo que rosas, realizándose el milagro de que los alimentos se convirtieran en estas flores. Después, Casilda, afectada por una enfermedad, pasó a Castilla la Vieja con consentimiento paterno y cerca de Briviesca, en unos lagos, obtuvo curación milagrosa. Se fecha su muerte en 1126, cuando Toledo estaba ya en manos de los cristianos, a 9 de abril, en que se celebra su fiesta. Flórez la coloca entre los santos de Toledo.[8] El capellán mozárabe de la catedral, Alonso de Villegas, en su *Flos Sanctorum*, contribuyó a popularizar su leyenda tomándola de diversos textos antiguos.[9] De él o del de Rivadeneyra[10] tomó a su vez Lope de Vega el tema para su comedia *Santa Casilda*, acerca de cuya autenticidad no se ponen reparos.[11] También Tirso en *Los lagos de San Vicente* escenificó la segunda parte de la vida de la santa, la que ocurre en los lagos.[12] Por otra parte, Zurbarán pintó una preciosa *Santa Casilda*, en su serie estupenda de santas, la cual se halla en el Prado.[13] Se vincula más su culto a tierra de Burgos que a Toledo.[14] Pero hay que reconocer que autores toledanos le dedicaron poemas, como lo hizo Juan Hidalgo, autor de novelas y de otras obras, que imprimió en Toledo: ésta en 1642.[15] Santa Casilda es, así, una santa española en esencia y su carácter parece opuesto al de ciertos personajes de su época que dan idea de una recristianización de Toledo con peculiares rasgos galicanos.

2. Tiempos de magnificación

Una etapa decisiva en el desenvolvimiento de «Toledo cristiana» es la que corresponde a los años inmediatamente posteriores a la conquista por Alfonso VI. El rey se apoderó de la ciudad, haciendo pactos con los árabes, según los cuales no sólo les dejaba sus casas y propiedades, sino también la mezquita mayor, a perpetuidad: «et etiam quod maior Mezquita eis in perpetuum remaneret».[16] Pero estas garantías no impidieron que la acción de los vencedores fuera intensa y con un carácter peculiar. Alfonso VI, como algunos de sus ascendientes navarros, fue un «europeizante». Al restaurar la sede toledana la dotó muy ricamente. Influido por su mujer francesa, tuvo gran fe en la fuerza y cultura del clero galo. Eligió como prelado a don Bernardo, que era oriundo de un pueblo cercano a Agen y que había seguido la enseñanza benedictina, la reforma cluniacense.[17]

La piedad de la reina y del prelado hizo que, rompiendo los pactos, convirtieran la mezquita en catedral. Claro es que los árabes pusieron el grito en el cielo al ver esto y al oír sonar la campana en el antiguo minarete. El rey tuvo que calmarles. También se cambió el viejo oficio toledano, dejándolo sólo en las llamadas iglesias mozárabes. Esto produjo tumultos y puede afirmarse que ya es un caso en el que «castizos» y «afrancesados» se enfrentan.[18] El influjo galicano siguió adelante y se habla de un tumulto de ciertos clérigos que podría reflejar también esta hostilidad.[19] Algunos historiadores lo niegan.[20] En todo caso, la «europeización» o «afrancesamiento» del cristianismo, reflejado en lo dicho, tuvo expresiones materiales de las que quedan sólidas pruebas, y de las que empieza por dar razón el texto del arzobispo navarro, utilizado antes, que lo fue de la ciudad entre 1209 y 1247, en que murió ahogado.

Desde el punto de vista material, la antigua mezquita subsistió hasta su época, aunque dentro de ella se colocaran altares cristianos. Esta mezcla no debía gustar a muchos fieles rigurosos y, siendo arzobispo el mismo don Rodrigo y rey don Fernando III el Santo, se destruyó la mezquita y, de forma que produjo admiración y estupor, fue levantándose día a día el templo que hoy existe.[21] El proceso de «europeización» tiene un nuevo acto. Porque desde el siglo XIII al XVI participan en el trabajo de concluir y perfeccionar la obra maestros que llegan de tierras lejanas, como lo reflejan nombres cuales los de Joaquín de Utrecht o Alberto de Holanda, pintores como Juan de Borgoña, etc., cuyas obras pueden admirarse hoy y de los que hay memoria en los archivos catedralicios.[22]

Del orientalismo de Toledo se habla largo y tendido. Del «septentrionalismo» nada. No existe en teoría. Pero los historiadores del arte saben bien que, durante los dos últimos siglos de la Edad Media, a las ciudades de Castilla bajaron a trabajar muchos artistas nórdicos y que en Toledo, no sólo la catedral, sino también San Juan de los Reyes y otros templos están llenos de pruebas de la perfección de su arte. De escultores habría que recordar, primero, a Felipe y Daniel de Bruselas, a Hanequin de Bruselas, y su hermano Egas, y a Juan Alemán, que trabajaron en la «Puerta de los leones». Un goticismo más europeo no se puede dar. ¡Qué rostros de vírgenes, qué siluetas de ángeles! Aquí está también Juan Guas, y los que trabajan en San Juan de los Reyes. Después, los artífices del retablo de la capilla mayor de la catedral, hecho según la traza de Peti Juan: Diego Copín de Holanda, Cristiano de Holanda y Felipe Vigarny, que trabajan a comienzos del XVI. No hay modo de dar idea de aquella obra deslumbrante. Tampoco de lo que labró Rodrigo Alemán en la parte baja de la sillería del coro, con episodios de la guerra de Granada y escenas grotescas en las misericordias. Todo ello queda fuera de la «gravedad» española. Es europeo puro, como las figuritas de piedra de San Juan de los Reyes: el simio lector, la garduña, el cuadrúpedo alado. Un mundo con el que pronto había de acabar el renacentismo, acaso también un rigorismo hispánico, que va aumentando. Todo aquello es cristiano, dígase lo que se diga. El cristianismo medieval puede aceptar un elemento satírico y humorístico que luego se pierde. Permite la alegría y una especie de inocencia.[23] El arte del Renacimiento se hace altisonante y luego decorativamente fastuoso. El barroco es la negación del humor. Claro es que al lado de los maestros extranjeros y en mayor proporción están los españoles. La nómina es enorme. Abarca toda clase de artífices: arquitectos, escultores, pintores, orfebres, rejeros, bordadores.[24] Hasta mediados del XVIII la catedral se carga de riquezas.

En ella hay algo que parece marcar, de modo simbólico, el final de los tiempos de esplendor: El Transparente de Narciso Tomé, arquitecto, escultor y pintor. En 1732 se inaugura esta obra y se imprime un texto público de fray Francisco Rodríguez Galán que se titula: «Octava maravilla del mundo cantada en octavas rithmas: breve descripción del maravilloso Transparente que costosamente erigió la primada iglesia de las Españas». Sesenta y ocho años después, Ceán Bermúdez estampaba este juicio: «El Transparente descubre a primera vista la ignorancia de su autor».[25] Del entusiasmo barroco al rigor neoclásico hay un abismo. Después las gesticulaciones siguieron y los críticos se rasgaron las vestiduras ante el «escándalo».[26] En nuestro siglo, los juicios son mucho más templados, tanto respecto a la traza general, como a las esculturas. Se ha venido a decir que Narciso Tomé era un «hábil escenógrafo».[27] Esto es exacto. Pero la escenografía ba-

121

rroca resulta un poco banal en el conjunto. Da idea de que el sentimiento religioso ha perdido profundidad y calidad. También el pensamiento. Después, no fueron precisamente los neoclásicos los que vigorizaron uno y otro con sus fríos «pastiches». Las glorias de la Iglesia toledana desde el punto de vista artístico y material terminan aquí. El Transparente costó una cantidad que escandalizó a los detractores: 200.000 ducados. Todavía entonces podía hablarse en España de la riqueza de la sede primada, que fue mermando y que terminó con las luchas y disturbios de la minoría de edad de Isabel II; momento de la despoblación mayor de la ciudad.[28]

Aquella magnificencia de la catedral y la riqueza de su arzobispo y dignidades se expresan en proverbios. Respecto a iglesias catedrales se dijo: «Toledo en riqueza, Sevilla en grandeza, Compostela y León en delicadeza».[29] Del arzobispo se decía: «Rey o príncipe heredero, arzobispo de Toledo».[30] Del arcediano, «Silla sin capelo, arcediano en Toledo»[31] o «Dignidades sin capelo, maestrescuela en Salamanca y arcediano en Toledo».[32] Descendiendo a niveles más modestos puede decirse que en los siglos XVI y XVII la fuerza de la población religiosa en la ciudad parece que era mayor que en cualquier otra parte y que llegaba a todos los estratos de la sociedad.

Cervantes, en *La ilustre fregona*, da una idea muy gráfica de la influencia que en la vida civil toledana tenían monjas y frailes cuando trata de la prisión del fingido aguador «Lope Asturiano» (Carriazo) que había herido a otro. El huésped de la posada del Sevillano, movido por el interés, le dice a su compañero Avendaño que «él tenía personas en Toledo de tal calidad que valían mucho con la justicia, especialmente una señora monja, pariente del corregidor, que le mandaba con el pie, y que una lavandera del monasterio de la tal monja tenía una hija que era grandísima amiga de una hermana de un fraile muy familiar y conocido del confesor de la dicha monja, la cual lavandera lavaba la ropa en casa». Esta trama de relaciones, que resulta burlesca, es la que podía resolver el asunto con sus «infinitas revueltas y arcaduces» según el huésped socarrón. En efecto, seis ducados evitaron la querella por parte del herido. Diez, el asno y las costas fueron la sentencia.[33] Otros textos comprueban la fuerza del clero; de modo que no puede sorprender que el embajador veneciano Navagero diga, en época anterior, que los canónigos de Toledo eran muchos y con trescientos o más ducados al año y los capellanes con más de doscientos, «de suerte que los dueños de la ciudad y de las mujeres principales son los curas, que tienen también las mejores casas y se dan la mejor vida, sin que nadie les reprenda».[34]

Todos resaltamos o sólo vemos una parte de la realidad. La realidad cristiana de Toledo fue siempre compleja. Hemos dicho algo sobre orígenes, desenvolvimiento, magnificencias reales y lo que éstas podían implicar de contrario a la misma moral cristiana. Pero aún hay que tocar otros aspectos, dentro de este mundo complejísimo y lleno de contraluces también, que nos llevan de lo sobrenatural a lo sombrío, y de lo sombrío a lo alegre y festivo.

3. El milagro cotidiano

La posibilidad de medir la fuerza de los sentimientos y pasiones de los hombres, individualmente considerados, es escasa. Más difícil todavía tener idea exacta de la fuerza de los sentimientos colectivos. En lo que se refiere a la religión, es claro que la acumulación material de signos de fe dice algo: pero esto no basta. Hay otros elementos que hemos de tener en cuenta: por ejemplo, los libros de piedad, tales como vidas de santos y relatos de milagros. Además, hemos de poner de nuestra parte una voluntad de comprensión que no siempre se posee, ni se cultiva. En relación con Toledo, las visiones estéticas, culturales, orientalizantes pueden producir cierto exclusivismo e impedirnos ver o valorar otros elementos que, sin embargo, están patentes. Por otro lado, es claro que si queremos formarnos una idea de «Toledo cristiana» hay que ahondar en muchos aspectos del cristianismo. El primero será, a mi juicio, el del papel de lo sobrenatural y milagroso en la vida cotidiana de toda clase de gentes, desde las más encopetadas y linajudas a las más humildes. Hay alguna obra que puede servir de base para comprender la situación.

La parte de la continuación de la historia del doctor Pisa, que éste dejó manuscrita, destinada a dar cuenta de los milagros hechos por las imágenes de Vírgenes de distintas iglesias toledanas es bastante grande y da idea de la fe que tenía cantidad considerable de gente en la virtud de encomendarse a ellas en momentos grandes de peligros: enfermedades, cautiverios, naufragios. Algunos de los relatos se deben a los mismos sacerdotes que servían en las iglesias, como el del doctor Juan Vázquez, cura de Santa Justa, iglesia «mozárabe».[35] Allí era la imagen de Nuestra Señora del Socorro a la que se «ofrecían» enfermos, de suerte que a consecuencia de los milagros había desde hacía mucho en la capilla, mortajas, velas, cirios, muletas y cadenas de cautivos. También pinturas votivas.[36]

La parroquia de San Cipriano estaba en un barrio en el que el año de la peste se cebó más la epidemia. Sacaron de ella una imagen hasta la cárcel de Santa Leocadia (junto al Alcázar) y la peste cesó al punto. Otras parroquias siguieron el ejemplo, con el mismo resultado, haciendo promesa de repetir la procesión anualmente. Hay algún relato de milagro que nos pone ante la vida festiva de la ciudad de modo muy plástico: «En unas fiestas públicas de toros, corriendo en un cavallo Balthasar de Fuensalida, que oy es vivo, embistió el toro, y le derribó del cavallo, y le trujo entre los quernos arrastrando mucho tiempo, y el se encomendó en esta Santa Ymagen, de quien es y era muy devoto, y luego al punto le dejó el toro, y quedó sin daño alguno, y si le dejaran sus padres tornar (volvería) a salir a la plaza, para que fuera más manifiesto este milagro, porque todos le juzgaron por muerto: en agradecimiento de esta merced ofreció dos coronas de plata sobredoradas, una grande y otra pequeña, y un terno, capa y frontal y facistol de damasco verde, con escudos bordados, y cada día visita esta santa casa».[37] Los milagros producidos por la fe en esta imagen son a veces pintorescos. También los simples o inocentes tienen su parte. He aquí otro ejemplo: «Estando reparando la dicha yglesia el dicho don Carlos de Venero, y aviendo abierto un lienzo de pared muy alto de la calle, le pareció a un hombre simple, que se llamaba Juan de Burguillos muy devoto de esta santa ymagen, que se avía de ir su Divina Magestad por el agugero, y quiso quedarse aquella noche guardándola para que no se fuese, sin ser poderoso el sachristán para echarle fuera de la yglesia, y así se le dejó dentro del coro y cerró las puertas y se fue a su casa: a la media noche sintió este simple mucha ambre, y dijo: —Morena (que este es el apellido con que él la nombraba) dadme de comer pues os estoy guardando, que me muero de ambre, y vio encima del altar una rosca mui grande, y mui blanca, y mui alegre tomola, y comió de ella, y a la mañana mui contento y dando voces contó lo que le avía pasado y le hallaron con la mitad de la rosca, y se la quitaron, y repartieron entre sí por reliquia, y sí viven el simple, y el sacristán, y muchos que vieron la rosca».[38]

Algunos de los milagros que recoge el texto son de 1609 y 10, aun del 11: de muy poco antes de que se escribiera. Los hay también de Nuestra Señora de la Esperanza de la parroquia de San Lucas, mozárabe.[39] Son numerosos y relativos a curaciones casi todos. Aparte del del entierro del señor de Orgaz, en Santo Tomé, ya antiguo,[40] hay nota también de los de Nuestra Señora de la Estrella en la Parroquia de Santiago, y en la relación correspondiente se indica: «La capilla tiene cabellos o coletas de personas, que de modorro, o dolor de cabeza los ofrecen a la Virgen N.ª S.ª, tiene bragueros, mortajas, tiene orejas, y oydos de plata, de quien recivió merced»,[41] y más abajo se insiste: «Ay siempre cantidad de ojos, pechos, corazones, piernas, brazos y niños de cera de mercedes que cada uno recive por medio de esta Señora».[42] La última parte se consagra a los milagros de Nuestra Señora de Gracia, en el monasterio de San Agustín.[43] Son muchos y algunos muy reveladores de ciertas situaciones conocidas en la época. He aquí éste como muestra: «En un puerto cercano a la ciudad de Constatinopla estaba una galera real de un renegado de Luchali en la qual galera estaban presos al remo 180 christianos, entre los quales estaba uno que se llamaba Gerónimo Sánchez natural de Toledo a los quales christianos guardaban 150 turcos y teniendo noticia dichos christianos abogados de las misericordias que Dios hacía a las personas afligidas que con verdadera feé visitavan la capilla de N.ª Señora de Gracia del sobredicho monasterio de S. Agustín, se encomendaron a ella, y invocándola les dio tan grande ánimo, corazón, y esfuerzo, que un viernes en la noche de lengua en lengua en el secreto posible se concertaron de lebantarse con la galera y prender los turcos que los afligían y los maltrataban, y no faltándoles el favor divino por los ruegos de la Virgen de Gracia, quitándose los yerros de sus prisiones embistieron con los dichos tur-

126

cos de los quales ninguno quedó de ser preso o muerto, y así los christianos libres vinieron a tierra de christianos, donde vendieron los dichos turcos y la galera. Vinieron muchos de ellos por ser naturales de la tierra agradecidos por tanta misericordia a esta santa casa de S. Agustín de Toledo a donde tuvieron algunos días novenas y dejaron colgada en la capilla de N.ª S.ª de Gracia una galera para memoria de este milagro».[44] Hay nota de milagros ocurridos en las aguas del Tajo a un fraile que iba en barca, con el río muy crecido, a 14 de diciembre de 1599, y a un procurador, Jerónimo Pérez, que pescaba cerca de la azuda grande de la Encomienda,[45] y otros que nos ponen ante la vida Socorro, Esperanza, Gracia. La de la Estrella en forma también alusiva a la vida humana. Todos los sufrimientos de la vida remediados por la fe. Otros milagros son más conocidos que éstos y han dado lugar a aquel género de composiciones poéticas que tanto agradaban en época romántica y que tienen varias versiones. Esto pasa con las que explican por qué la imagen del Cristo de la Vega tiene un brazo desclavado y hacia abajo. La más conocida es la que dio tema a Zorrilla para escribir *A buen juez, mejor testigo*. El Cristo es puesto como testigo por Inés de Vargas de que Diego Martínez le había dado palabra de matrimonio, negándolo después; el juez que recibe la querella pide testimonio a la imagen y ésta lo da poniendo la mano sobre los Evangelios. Otra leyenda dice que el que apeló al testimonio fue un cristiano que había dado cierta cantidad de dinero a un judío que lo negó. Aún hay otras.[46] Hay, pues, milagros y milagros. Unos humildes, otros literarios. Otros, en fin, de mayor alcance o de una plasticidad extraordinaria.

Podríamos pensar, en suma, que la más expresiva relación entre el Cielo y la Tierra que establecía la gente de una ciudad como ésta, en su época de mayor prestigio, es la reflejada por el Greco en alguno de sus cuadros más famosos. La Tierra y los hombres se espiritualizan, el Cielo es más corpóreo que el físicamente perceptible. Hay nubes sólidas y figuras humanas, espiritualizadas todavía, pero humanas al fin. *El entierro del conde de Orgaz* da el ejemplo mejor. Cuando a 18 de marzo de 1586 se fijó en escritura cómo debía ser el cuadro que había de pintar el Greco para la iglesia de Santo Tomás, se decía que «en el lienzo se ha de pintar una procesión de como el cura y los demás clérigos que estaban aciendo los oficios para enterrar a don Gonzalo Ruiz de Toledo señor de la villa de Orgaz y bajaron Santo Agustín y San Esteban a enterrar el cuerpo de este caballero el uno teniéndole de la cabeza y el otro de los pies, echándole en la sepultura y fingiéndo alrededor mucha gente que estaba mirando y encima de esto se ha de hacer un cielo abierto de Gloria».[47] Cielo y tierra se unen por el milagro: pero el Greco idealiza y sublima la visión de la «procesión» y de la «gente» terrestre. El cuadro produjo un efecto sensacional. En las ya utilizadas partes manuscritas que dejó el doctor Pisa de la continuación de su obra, que se deben a la vejez (puesto que terminan en 1612 y el autor murió a 3 de diciembre de 1616, a los ochenta y tres años), hay unos folios en que se trata del milagro ocurrido al tiempo del entierro del señor (no era conde) de Orgaz en Santo Tomé. Respecto a la obra del Greco dice que «la pintura se hizo, y es una de las más excelentes que hay en España y costó sin la guarnición, y adorno 1.200 ducados. Viénenla a ver con particular admiración los forasteros y los de la ciudad nunca se cansan, sino que siempre hallan cosas nuevas que contemplar en ella por estar allí retratados mui al vivo muchos insignes varones de nuestros tiempos: fue el artífice y pintor Domingo de Theotocopuli de na-

ción griego».⁴⁸ Se ve, pues, que los toledanos tenían buen gusto. También que a Toledo llegaban
quienes así mismo lo tenían.

4. *Un lado sombrío*

Este esplendor cristiano también tiene su contrapunto. La fe sincera, la pasión de la gente popular y
la sublimada por ascetas y místicos van unidas a un
horror para los que carecen de fe en la religión católica, que queda expresado en el tribunal del Santo
Oficio, que ahora está de moda estudiar utilizando
métodos y criterios sociológicos o supuestamente
tales. No voy a juzgar los esfuerzos en este sentido.
Sólo me limitaré a marcar el contraste.

La Inquisición toledana funcionó desde un principio activamente. Durante los años finales del siglo
XV y los primeros del XVI se dedicó de una manera
especial a vigilar a los conversos de la ley mosaica y
a penitenciarlos y castigarlos. Hubieron de ser años
terribles, porque había muchas familias de esta es-
tirpe, algunas conocidas y pudientes, y en ellas personas dadas a trabajos muy importantes para la
vida social: médicos en especial. La Inquisición se
burocratizó con el tiempo y dio un tipo de empleado
bastante repulsivo. Creó también el del soplón, de-
lator o malsín. Llegó a todas partes e infamó con
estigmas hereditarios. Mucha gente cristiana vieja,
libre de peligros, se insensibilizó ante el dolor ajeno
y en general no comprendió los problemas de conciencia que pudieron tener los que, pasada la primera ola de castigos contra los llamados «judaizantes», fueron acusados de luteranismo, de calvinismo
después, o de otras tendencias dentro de la fe cristiana: como, por ejemplo, la de los iluminados. A
Toledo llegaban presos de todo su distrito. También
de Madrid: gente conocida en la corte, a veces. A

veces, también, a algunos se les llevaba a ciudad más recóndita: Cuenca. Pero también caían personas de la ciudad acusadas de blasfemar, de haber enunciado proposiciones escandalosas y de hablar mal del clero. Aparte de esto, castigaba a hechiceras, magos y milagreros. En algo más de tres siglos de funcionamiento, la Inquisición toledana, como la de otras ciudades, cambió de «temario». En los siglos XVII y XVIII, se observa que se fija mucho en las costumbres del clero y así hay una considerable cantidad de procesos contra los «solicitantes»: confesores que hacían proposiciones especiales a sus confesadas. Desde la anexión de Portugal hasta avanzado el siglo XVII, hay también una nueva ola de persecución de supuestos «judaizantes»; pero éstos son, en gran parte, los conversos portugueses o vueltos de Portugal: banqueros, asentistas, hombres de negocios. En el siglo XVIII, se dan casos de procesos de militares extranjeros, acusados de pertenecer a la masonería. Las cárceles toledanas vieron pasar por ellas a gentes de muy distinta condición, y el Zocodover vio desfilar a una considerable cantidad de penitenciados y condenados. Hoy, de esto no quedan mayores huellas en la vida de la ciudad, afortunadamente. Sí una documentación que aplasta.

Así como los archivos de los tribunales de la Inquisición de otras ciudades fueron destruidos a comienzos del XIX, en momentos de crisis del Antiguo Régimen, el de Toledo se ha conservado y se halla en Madrid, en el Archivo Histórico Nacional, y su catálogo minucioso se publicó ya en 1903.[49] Decir, fríamente, que es una gran «herramienta» de trabajo es contentarse con una formalidad. Las causas se hallan clasificadas por temas, en orden alfabético, y son de muy distinto alcance. Todas implican una peculiar concepción del cristianismo como sistema de creencias terriblemente represivo e «inquisitivo», porque suponen observación atenta de las vidas ajenas y —como va dicho— soplonería, espíritu de denuncia y otros males según el concepto que muchos podemos tener hoy de la vida en sociedad, y aun del cristianismo puro.

Hay, así, causas que se fundan en el hecho de que alguien en público ha blasfemado o proferido palabras escandalosas, ha hecho proposiciones también escandalosas, erróneas o heréticas, o ha injuriado. Delitos de palabra. Otros pueden considerarse de acción: bigamia, deshonestidad, fautoría, perjurio, intrusión, sacrilegio. Dentro de un orden especial están los de hechicería, que son muy variados y comprometen a personas de muy distinta clase: desde celestinas y brujas indoctas de pueblo hasta astrólogos y magos a lo culto. La gama en delitos de herejía propiamente dichos tiene su significación histórica particular. Hay una época en que se persigue a distintas clases de «iluminados» o «alumbrados». De la acusación de serlo no se libraron algunos santos. En la primera mitad del siglo XVI, se persigue a los luteranos. Pero hay que advertir que, a veces, se dan como «proposiciones luteranas» simples juicios populares, irreverentes, respecto al pontificado, Roma o el clero en general. Algo después aparecen procesos contra calvinistas (a veces extranjeros) y anglicanos. Aparte de otros herejes en general, en el siglo XVIII y comienzos del XIX, hay algunas pocas causas contra fracmasones, que a veces eran militares extranjeros como va dicho. Esto no es nada comparado con los procesos contra judaizantes, que, según mi cuenta, no son menos de 1.092 y cuya enumeración ocupa setenta y seis páginas del catálogo citado. Hay muchos de «portugueses» y de gente de Madrid, etc. Mucho menor es el número de procesos contra moriscos: 235 causas, entre las que hay de renegados y africanos. Aún hay que tener en cuenta un número de causas contra falsarios, fautores, ilusos o iludentes, impedientes, inhábiles, intrusos, poseedores de libros prohibidos, religiosos casados y solicitantes, y otros a los que se acusó de no ayunar, de despreciar censuras eclesiásticas, de haberse fingido fantasma y cosas por el estilo. Algunas indican perturbaciones psíquicas. Hoy podemos afirmar que, salvo algunos actos de falsificación, injuria o calumnia, todos los demás no se considerarían delictivos. Pero a comienzos del siglo XVII, hombres de buena fe, como el doctor Pisa, creían firmemente que el tribunal había servido para preservar a España de males: «particularmente en estos peligrosos tiempos contra las varias sectas de hereges, que si por él no fuera, se cree que ya estuviera toda España inficionada de la pestilencial doctrina, y novedades de lutheranos, como se vee en los reynos estraños».[50]

Pero volvamos la página.

5. *Las fiestas*

Puede afirmarse que en orden a fiestas y regocijos públicos aún queda algo de lo mucho que caracterizaba a la ciudad en la Edad Media y durante el siglo de oro. Fiestas religiosas y populares con motivo de la celebración de santos toledanos o en fechas muy señaladas del calendario cristiano. De modo general, se observa que las descripciones que hacen los poetas dramáticos, sobre todo Lope y Tirso, de romerías y fiestas religiosas en general, de mayo, San Juan, los días patronales de los pueblos y otras circunstancias, se pueden comparar con las debidas a folkloristas modernos o con lo que podemos ver con nuestros propios ojos, apareciendo hoy, ante ellos, elementos plásticos que eran comunes ya hace cuatrocientos años o más. Así solían aparecer también en los escenarios o tablados, aunque claro es que, en casos, ha habido alguna reducción. Elementos propios de las procesiones eran, por ejemplo, los gigantes o gigantones. Éstos debían salir ya en la procesión de la Virgen de Agosto, en Toledo, en tiempos de Lope de Vega por lo menos. Porque el poeta, en *El inocente niño de La Guardia*, al acto segundo, hace que el pobre Juanico se pierda, precisamente, siguiendo a los gigantes, que daban una vuelta por la escena con su «atambor».[51]

Los gigantes, sin embargo, eran en origen más propios de la festividad del Corpus. La razón de que aparecieran durante la procesión de ella se escapaba ya a la gente del siglo XVII. Un jesuita mejicano, predicador, que está incluido entre las autoridades de la lengua, el padre Juan Martínez de la Parra (1655-1701), tratando de la fiesta y refiriéndose a los gigantes decía: «Confiesso, que no he podido hallar el origen, mas yo pienso, que es dezirnos que por virtud de este Divino Sacramento, quedamos todos tan robustos, tan poderosos, tan fuertes, que con este Pan soberano, mejor que aquellos fabulosos Gigantes, hemos de escalar al Cielo...», y luego se refiere a las danzas y alborozos, con clarines y chirimías y a un elemento de la procesión que aún hoy en Toledo es conocido: la «Tarasca». Siguiendo con su criterio clasicista, dice que la palabra es de origen griego, de un verbo que vale tanto como espantar (estaría en relación con θηρίον). Es la representación del Demonio: «Parece Dragón, parece Ballena, parece Sierpe y lo es todo, pues es Tarasca; essa significa el Demonio...». Un Demonio vencido.[52] La «Tarasca» de Toledo aún aparece, aunque lo que más llama la atención es la imponente custodia de Arfe. Un erudito toledano del siglo pasado dice que en un tiempo aparecían también unas figuras colosales, que representaban a las «cuatro» partes del mundo, ofreciendo sus productos, otra que representaba al Cid con la espada desenvainada, los «gigantillos» y la «Tarasca» en cuestión, que llevaba, como en Madrid, una figura de mujer encima. Este erudito afirmaba que la «Tarasca» representa la bestia del Apocalipsis y la mujer a Ana Bolena. Las figuras se conservaban por los años 1841 y habían sido traídas de Barcelona en 1755. Pero en tiempo de Carlos III se prohibió que aparecieran, para evitar irreverencias.[53] Es una prohibición general de 1780.[54] Pero mucho después, en fiestas patronales, se ha seguido generalizando la práctica de llevar figuras de éstas de modo procesional y parece que de las ciudades pasó a los pueblos. En el *León prodigioso* de Tejada, se alude a un pueblo que de otro llevaba «seis grandes y robustos gigantes, dos enanos y una tarasca».[55] A este mismo «stock» pertenecían los «caballitos», que se documentan como conocidos en fiestas toledanas.

En la jornada tercera de *El capellán de la Virgen*, Lope de Vega introduce una escena con las fiestas que en honor de santa Leocadia hacían los campesinos de La Sagra. La pone en tiempos de san Ildefonso: pero es claro que está inspirada en algo visto y oído por él. Los campesinos corren sortija, con unos caballitos de caña, cascabeles en las piernas y máscaras. Son de Vargas, Sonseca, Burguillos, Olías y Cabañas. Las labradoras, con sayuelos, cantan algo «tradicional» en la época del poeta:

> Trébole, ¡ay Jesús, cómo huele!
> Trébole, ¡ay Jesús, qué olor![56]

Algunos imitan el modo de hablar de los negros. Podrían multiplicarse las referencias a escenificaciones de fiestas de la ciudad y de las aldeas de los alrededores que inspiraron a los poetas... Acaso con excepción de uno, conocido por su genio agrio. Algo parece que tenía Quevedo, en efecto, contra la ciudad cuando en su itinerario varias veces citado escribía cosas como ésta, dando a entender que abundaba en gentecilla:

134

Vi en procesión de terceros,
ensartado todo el vulgo,
y si yo comprara algo,
no hallara bueno ninguno.
En fin, la imperial Toledo,
se ha vuelto, por mudar rumbo,
república de botargas,
en donde todos son justos.
Vi la puerta del Cambrón,
que a lo que yo me barrunto
a faltar la primer eme
fuera una puerta de muchos.[57]

Toda la composición refleja mal humor y destemplanza, así es que no hay que hacer demasiado caso de ella. La excepción confirma la regla. Toledo sigue siendo gran escenario y fue teatro de grandes acciones incluso «teatrales», como vamos a ver.

1. *Bibliotheca Hagiographica Latina antiguae et mediae actatis* de los bolandos, II, Bruselas, 1949, p. 721.

2. *España Sagrada*, VI, Madrid, 1773, pp. 320-323. Vicente de la Fuente, *Historia eclesiástica de España*, 2.ª ed. I, Madrid, 1873, pp. 335-337 (apéndices, n.º 15-16).

3. Flórez, *España Sagrada...*, VI, p. 310 a, b.

4. *Ibid.*, VI, p. 313 a.

5. *Ibid.*, VI, pp. 314 b, 317 a.

6. Estudio de ellos por Flórez, *op. cit.*, V, 3.ª ed., Madrid, 1859.

7. El doctor Pisa, *Descripción...*, fols. 142 vto. a-143 vto. a (primera parte, libro III, capítulo XI), trata de la santa y discute la localización de palacio y mazmorras.

8. *España Sagrada...*, ed. cit. VI, pp. 315 b-316 b.

9. *Flos Sanctorum*, Barcelona, 1787, pp. 278 b-279 a. La primera edición es de 1565, según se lee a la p. 459 b, de ésta.

10. Se publicó de 1599 a 1601.

11. *Obras de Lope de Vega publicadas por la Real Academia Española (nueva edición) obras dramáticas*, II, Madrid, 1916, pp. 560-593 y pp. XIII-XIV.

12. *Comedias de Tirso de Molina*, II (N.B.A.E., IX), pp. 27-54 y las noticias de las pp. XXV b XXVI a.

13. *Museo del Prado. Catálago de las pinturas*, Madrid, 1972, p. 795 (n.º 1.239).

14. Por eso Flórez trata más ampliamente de ella en *España Sagrada*, 2.ª ed. XXVII (Madrid, 1824) pp. 377 a-392 b.

15. «Poema heroico castellano de la vida, muerte y translación de la gloriosa Virgen Santa Casilda. Reina de la Imperial Toledo», Toledo, 1642. Gallardo, *Ensayo de una biblioteca española de libros raros y curiosos*, III, Madrid, 1888, fols. 214-215 (n.º 2.525).

16. Rodrigo Jiménez de Rada, *De rebus Hispaniae*, libro VI, capítulo XXII, p. 136 a, de la ed. de 1793.

17. *Ibid.*, libro VI, capítulo XXIII, p. 137 a, b de la ed. de 1793.

18. *Ibid.*, libro VI, capítulo XXV, pp. 138 a-139 b de la ed. de 1793.

19. *Ibid.*, libro VI, capítulo XXV, pp. 139 b-140 b de la ed. de 1793.

20. Con el reinado y significado de Alfonso VI hay materia de discusión desde muchos puntos de vista. Los «casticistas» le son hostiles.

21. Rodrigo Jiménez de Rada, *op. cit.*, libro IX, capítulo XIII, p. 202 b, de la ed. de 1793.

22. El canónigo Don Francisco Pérez Sedano ya recogió de ellas en un cuaderno cuyo contenido se da en *Datos documentales inéditos para la Historia de España*, I, Madrid, 1914, en que aparecen extractos desde el siglo XV.

23. Un estudio minucioso de estos elementos, en Toledo, no se ha realizado.

24. Después del cuaderno del canónigo Pérez Sedano coleccionó los documentos de la catedral don Manuel R. Zarco del Valle, que se publicaron en *Datos documentales para la Historia del Arte Español*, II, en dos vols., Madrid, 1916.

25. Ceán Bermúdez, *Diccionario histórico...*, V, pp. 53-54.

26. Referencias en Amador de los Ríos, *Toledo pintoresca...* pp. 36-39. Passo, *Toledo en la mano...*, I, pp. 139-156.

27. Juicios en Sánchez-Cantón, *Ars Hispaniae* XVIII, pp. 70 y 75-76.

28. Véase cap. IV, 1.

29. Martínez Kleiser, *Refranero ideológico...*, n.º 10.135 (p. 112 c). Hay variaciones, n.º 10.133-10.137.

30. *Ibid.*, n.º 52.000 (p. 593 b).

31. *Ibid.*, n.º 9.227 (p. 103 a).

32. *Ibid.*, n.º 9.227 (p. 103 a). También el que sigue.

33. Véase cap. IV, 4, notas.

34. *Viaje a España...*, traducción citada, p. 47.

35. Pisa, segunda parte, ms., fols. 47 r.-47 vto.

36. *Ibid.*, fol. 47 vto.: «Las pinturas que ay en esta Yglesia de milagros que aya hecho son en una custodia antigua que tiene la cofradía de esta ymagen; está hecho de tabla, un hombre con dos muletas, encomendándose a ella; el qual dicen que fue sano mediante su devoción».

37. *Ibid.*, fol. 48 r.

38. *Ibid.*, fols. 48 vto.-49 r.

39. *Ibid.*, fols. 50 vto.-56 r.

40. *Ibid.*, fols. 56 r.-59 r.

41. *Ibid.*, fol. 60 vto. La relación va del fol. 59 r. al 61 vto.

42. *Ibid.*, fol. 61 r.

43. *Ibid.*, fols. 61 vto.-65 r.

44. *Ibid.*, fols. 63 r.-63 vto.

45. *Ibid.*, fols. 64 r.-64 vto.

46. Juan Marina, *Toledo. Tradiciones, descripciones...*, pp. 125-141.

47. San Román, *El Greco en Toledo*, pp. 36-37 y 142-143 (n.º 8).

48. Pisa, *op. cit.*, fol. 57 r.

49. «Catálogo de las causas contra la fe seguidas ante el Tribunal del Santo Oficio de la Inquisición de Toledo y de las informaciones genealógicas de los pretendientes a oficios del mismo...», Madrid, 1903.

50. Pisa, *Descripción...*, primera parte, libro IV, capítulo XXXIV, fol. 211 vto., a-b.

51. *Obras...*, XI (B.A.E., continuación, CLXXXVI) pp. 183 a-b.

52. *Luz de verdades católicas*, Barcelona, 1700, p. 21 a (parte I, plática VII). Usa también el aumentativo «Tarascón».

53. N. Magan, «Procesión del Corpus y Custodia de Toledo», en *Semanario Pintoresco Español*, segunda serie, III, n.º 23 (6 de junio de 1841), pp. 177 a, 179 a.

54. Julio Caro Baroja, *El estío festivo*, Madrid, 1984, p. 83.

55. Texto citado en el *Diccionario de la lengua castellana*, VI, Madrid, 1739, p. 227 b, s.v. «tarasca».

56. *Obras...*, X (B.A.E., continuación, CLXXVIII) pp. 314 a, 315 b.

57. *Obras...*, III (B.A.E., LXIX) p. 209 b (n.º 525).

VIII. El gran teatro del mundo

1. *Escenario, lenguajes y autores*

La comparación de la vida humana con una función teatral es antigua. Desde el emperador romano, que pedía aplauso al morir, hasta el autor de *La comedia humana*, ha habido muchos hombres y mujeres, grandes y pequeños, que han considerado que las tablas y la vida son equivalentes. Para unos existe «El gran teatro del Mundo». Otros se contentan con uno modesto a su medida. Puede a veces haber gran escenario y actores raquíticos. Roma es un gran teatro. Toledo también. Muchas veces con grandes actores.

Gran teatro, en primer lugar, por el escenario que se ha descrito. Hablemos ahora de los actores y su *lenguaje*. Porque ha sido idea popular y común hasta nuestros días, en España, la de que en Toledo es donde se habla el más perfecto castellano: que la creencia era divulgadísima, allá a fines del siglo XVI y comienzos del XVII, lo expresa Cervantes en el capítulo XIX de la segunda parte del *Quijote* cuando le hace decir a Sancho que «no hay para qué obligar al sayagués a que hable como el toledano, y toledanos puede haber que no las cortan en el aire en esto de hablar polido». A lo que el bachiller o licenciado que interviene en la conversación añade, asintiendo: «Así es; porque no pueden hablar tan bien los que se crían en las Tenerías y en Zocodover como los que se pasean casi todo el día por el claustro de la Iglesia Mayor, y todos son toledanos. El lenguaje puro, el propio, el elegante y claro, está en los discretos cortesanos, aunque hayan nacido en Majalahonda». Hoy podríamos poner algunas objeciones a esto, al oír cómo hablan ciertas personas de alto copete en la corte (y aun en las Cortes) y recordar cómo hablaban las gentes de pueblo hasta hace poco. De todas formas, queda por sentado que los toledanos refinados eran los que manejaban mejor la lengua castellana. Los comentaristas del *Quijote* han anotado adecuadamente este pasaje.[1] Clemencín dice, por ejemplo, que en su niñez oyó comentar ciertos casos de extranjeros que habían ido a Toledo para mejor aprender el castellano. Eruditos más modernos han tratado largo y tendido acerca del asunto. Etre ellos don Miguel Herrero García en su libro *Ideas de los españoles del siglo XVII*, en que recoge muchas referencias a la visión que se tenía de Toledo entonces y antes.[2]

Según las abundantes referencias, esta opinión está formada ya a comienzos del siglo XVI, porque, en efecto, a ella se refiere Fernández de Oviedo en *Las Quincuagenas* y también a una supuesta ley de Castilla, según la cual si hubiera dudas al interpretar fueros y leyes respecto al uso de ciertos vocablos se usara un intérprete de Toledo, «porque allí es donde se habla mejor nuestra lengua o romance».[3] Discutió esto ya el doctor Francisco López de Villalobos, en sus *Problemas*, y sostuvo que era en la corte donde se hablaba mejor. Porque, decía, los toledanos empleaban palabras que quitaban claridad al idioma y hasta lo «ensuciaban». Las palabras «sucias» eran las moriscas sobre todo: es decir los arabismos.[4] Los eruditos toledanos del XVI conocían este punto de vista, de suerte que atacan precisamente al idioma de la corte como malicioso e innovador sin necesidad. También lo tildan de extranjerizante y hasta grosero. El más radical es el tantas veces citado don Luis Hurtado de Toledo, el cual dice que «es antigua ley de España que si en la lengua castellana se dubdase algún vocablo o por mezcla estrangera se corrompiese se avia de pasar por el lenguaje de Toledo, y así estoy mal con algunos señores cortesanos modernos que por remendar sus malas yntinciones visten nuevos abitos a nuestros vocablos, diziendo al meter entrar, al henchir llenar y al tomar asir, al aprovechar acomodar, al cenagil liga, gamba, al potaje menestra, a la costumbre modo y otros muchos que podríamos poner, los quales hablando con buena yntinción, no son groseros ni lascivos...»[5] El párrafo resulta chocante por varias razones, pero está de acuerdo con otros textos que alaban el lenguaje toledano: alguno más de Cervantes, que en el *Viaje del Parnaso* dirá:

> En propio toledano y buen romance
> le dió los buenos días cortesmente,
> y luego se aprestó al forçoso trance.[6]

En todo caso la idea de que sobre esto había hasta legislación corrió, y la reflejan textos como los de Melchor Santa Cruz[7], Tamayo de Vargas[8] y otros que cita Herrero, incluso uno de Lope de Vega en *Amar sin saber a quién:*

> Dicen que una ley dispone
> que si acaso se levanta
> sobre un vocablo porfía
> de la lengua castellana,
> lo juzgue el que es de Toledo.[9]

El padre Jerónimo Román de la Higuera, que tantas invenciones urdió en su amor a Toledo, se contentó con seguir en esto al doctor Pisa, que lo afirmó rotundo, como otros historiadores toledanos.[10] Un proverbio dirá, por fin: «De navaja valenciana y de lengua toledana».[11] He aquí el escenario y la lengua. Pero además, los actores y las actrices. Porque era tópica también la idea de que los toledanos eran ingeniosos y gallardos, y las toledanas hermosas, igualmente ingeniosas y discretas. Sobre ello recogió también muchos testimonios Herrero García en la obra antes citada. Recoge así textos de Melchor de Santa Cruz, Gracián, Salas Barbadillo y el autor de *Estebanillo González*.[12] De ellos hay uno particularmente significativo, desde el punto de vista que aquí interesa. El del actor y escritor Agustín de Rojas que afirma que, a causa de la agudeza e ingenio, Toledo da los más famosos actores (autores como se decía en su época): «Tiene hombres de grande ingenio, y si no miradlo en nuestro oficio, que los famosos autores que le han ilustrado y puesto en el punto que agora vemos, han sido todos naturales de Toledo; de donde se arguye que produce este lugar personas de peregrinos entendimientos y hábiles para todo género de artes ingeniosas y de habilidad».[13] Sigue una nómina significativa, en efecto. Sobre el teatro en Toledo luego se volverá.

Las novelas que pasan en Toledo empiezan con alusiones a esta fama y a la de la hermosura de las mujeres: «En la Imperial Ciudad de Toledo, silla de reyes y corona de sus reynos, como lo publica su hermosa fundación, agradable sitio, nobles caballeros, y hermosas damas...» Así empieza *El desengaño amado, y premio de la virtud* de doña María de Zayas y Sotomayor.[14]

Con relación a las mujeres, Lope, que vivió en la ciudad y que compuso bastantes comedias de ambiente toledano, es testigo de mucho peso, por lo mismo que era enamoradizo y no parece que se contentaba con mujeres sólo hermosas, sino que buscaba las discretas, como también lo reflejan muchas de sus obras.

> Que hasta hoy
> no hubo necia toledana,
> claro sol, linda mañana
> de aquesta noche en que estoy.[15]

dice un galán.

Tenían también los toledanos fama de apasionados como amantes. Lope mismo lo indica por boca de un personaje de *La gallarda toledana*, precisamente:

> A lo toledano os quiero
> y muero a lo cordobés.[16]

También en *La paloma de Toledo:*

> Yo quando amo más tierno
> doy sólo a lo toledano.[17]

Este ímpetu amoroso de los toledanos es materia de dramas y comedias. También de novelas; hay que reconocer que a veces la trama de ellas choca al lector moderno y refleja una situación social que no es como para idealizarla, aunque el autor, al final, procura que todo termine bien, como en las llamadas «novelas rosas»: con el matrimonio. Este final honra a la mujer deshonrada. El hombre, por miserable que haya sido, queda fuera de sospecha de deshonor.

Cervantes, al comienzo de *La fuerza de la sangre*, se refiere a que en Toledo, en su época, había seguridad pública, porque la gente era allí justa y bien inclinada. Sin embargo, la novela se funda en el desafuero cometido con una doncella hija de cierto hidalgo anciano y pobre, llamada Leocadia, por un joven prepotente, porque era noble, rico, consentido y con compañeros como él. La novela refleja una peculiar idea del honor y no puede ser más significativa en lo que se refiere a un «donjuanismo» brutal.[18] Otras obras dan idea de amores más dignos y tiernamente apasionados, o dramáticos. No siempre legendarios, como algunos a los que se ha hecho referencia. También de discretos más o menos cortesanos. Un galán de Calderón nos hace ver en pocos versos el juego de las tapadas, que provoca reacciones distintas:

Señoras doñas tapadas,
si el ingenio toledano
por burlar a un cortesano
forastero, conjuradas
os trae contra él, ved por Dios
que en buen duelo es importuna
traición, llamándole una,
estarle esperando dos.[19]

El discreteo y la intriga parece que lo cultivan más, si cabe, los dramáticos de la generación de Calderón y los más jóvenes, como Moreto, que los anteriores, que parecen siempre más llanos.

Pero, en fin: ¿Qué más se puede pedir para una acción teatral? Hermosura, buen idioma, ingenio agudo y pasión amorosa. Todo esto en un escenario único. Mas hay que advertir que una cosa es el escenario de la ciudad como tal y otra los lugares donde se celebraban las representaciones teatrales propiamente dichas: dejemos ahora a un lado algunas, religiosas, que tenían lugar nada menos que en la catedral y de las que luego se dice algo.

2. *Algunos datos sobre el teatro en Toledo*

Un contraste más en la vida toledana supone la importancia que, en efecto, tiene la ciudad como foco de producción y de acción teatral, y la pobreza de los sitios en que se realizaban estas representaciones. Ya se ha visto que a fines del siglo XVI y comienzos del XVII se hacían algunas en el llamado «Mesón de la fruta», construido en 1576.[20] Allí, en determinadas festividades, se representaban los autos sacramentales y algunas comedias piadosas.

Este mesón se hallaba en el lado de levante de la Plaza Mayor. El local estaba al descubierto y sin ningún elemento permanente. Es ya en 1633 cuando la descarga de fruta se lleva a otro lado y se construye un «corral de comedias» propiamente dicho, que fue reformándose con el tiempo, aunque todavía, hacia 1835, conservaba su estructura. Parro lo vio en aquella época y dice que no correspondía a la categoría de la ciudad: pero hoy hubiera sido curioso poderlo ver. Según su descripción, constaba de estos elementos: 1.º) Unos palcos enormes y no bien situados, llamados *faltriqueras*. 2.º) Una especie de armarios de madera, en los ángulos obtusos del patio, llamados *alojeros*. 3.º) El patio con tres filas de bancos de tabla rasa, denominados *lunetas*. 4.º) Unos *canapés* de ladrillo y yeso a los dos costados del mismo patio: los *bancos de patio*. 5.º) Una segunda línea de palcos en lo alto, llamados *ventanas*. 6.º) Una especie de jaula colgada del techo, con celosías, llamada *tertulia*. 7.º) Un palco para el ayuntamiento (propietario del corral) que ocupaba más de la tercera parte. 8.º) Una *cazuela* debajo. 9.º) Unas graderías a los lados de ésta. La parte destinada a escenario y maquinaria era pequeña y elemental y el alumbrado consistía en velas de sebo colocadas en dos o tres arañas. En 1840 se empezó cierta reforma que prosiguió en los años siguientes: hasta que se terminó un teatro propiamiente dicho, aunque insuficiente todavía, en 1856.[21]

La relación de la modestia del corral y lo que en él se pudo representar, y antes en el «Mesón de la fruta», supone —como va dicho— un contraste inmenso. Hoy, en Toledo, existe el Teatro Rojas, siempre en la Plaza Mayor, otro teatro-cine (Alcázar) y tres cines más. Pero en el «Mesón de la fruta» y en el corral se pusieron obras muy importantes. De ellas tenemos noticias allegadas por eruditos de la ciudad y de fuera. Especialmente por don Francisco de B. San Román, en una obra publicada con motivo del tricentenario de la muerte de Lope de Vega, en 1935.[22] En ella se ve que Lope vivió temporadas distintas de su vida y por motivos diferentes, en la ciudad, que cuando vivía fuera iba a ella con cierta frecuencia, que tuvo mucha relación con cómicos que trabajaban allí o que eran toledanos, y que en torno a su figura se formó un núcleo de discípulos entusiastas. Hay documentos que acreditan que en Toledo se representaron en su tiempo (y por lo tanto en el «Mesón de la fruta») hasta cuarenta y cinco comedias suyas. También cuatro de Mira de Amescua, dos de Luis Vélez de Guevara y dos de Tirso de Molina (que también vivió en Toledo durante algunos años).[23] Por otra parte, la ciudad dio ser a un curioso personaje del que se ocuparon algo Cervantes, Góngora y otros contemporáneos, que le consideraban discípulo de Lope. Incluso se pensó en que éste le ayudó cuando escribió alguna comedia: «el sastre de Toledo», que se llamaba Agustín Castellanos. El que un hombre de profesión humilde pudiera remedar a Lope era argumento contra el mismo, según los cultos y culteranos.[24] Tiempo después hubo otro sastre comediógrafo, en Madrid, que obtuvo éxito popular prolongado con *El mágico de Salerno*, que hubo de convertir en una especie de serial, con bastantes partes. Precisamente el genio de Lope consistió sobre todo en hacer que el pueblo con dominio del idioma se interesara por un teatro en que se abordaban muchísimos temas y argumentos: entre ellos una porción bastante sensible que se desarrolla en Toledo, de suerte que las alusiones a usos y costumbres de la ciudad son abundantes en sus comedias. Pero, además, hubo otros autores que nacieron en Toledo o que trabajaban allí, que dan gran significación a la ciudad, desde este punto de vista, como se puede ver en otras obras. No tiene tanta precisión como la de San Román la de Julio Milego;[25] de todas maneras, es útil para ver cómo se desarrolla el gusto por el teatro en los ingenios toledanos.

Dejando a un lado los textos de humanistas que escriben en latín (u obras para ser leídas), o los que hacen teatro para colegios (teatro jesuítico), hay memoria de ingenios toledanos de carácter muy vario que escribieron autos sacros y otras obras de carácter religioso, como el mismo Sebastián de Horozco y Covarrubias lo hizo ya en el siglo XVI. También hay memoria de que Pedro Liñán de Riaza escribió unas seis comedias. Como de otros muchos. Para Toledo compuso sus autos el maestro José de Valdivielso, muerto poco después de Lope, en 1638.[26] Toledano de un ingenio muy distinto fue Luis Quiñones de Benavente, autor de famosísimos entremeses, algunos de los cuales tienen interés folklórico.[27] Más tarde, otro toledano, don Diego Duque de Estrada, autor de un curioso relato autobiográfico, se sabe que también escribió algunas comedias. Entre ellas una que se titula *La Vega de Toledo*. De tema toledano es también una comedia de ingenio ya tardío, de don Eugenio Gerardo Lobo, titulada *El tejedor Palomeque, y mártires de Toledo*. Hay memoria de otros. Pero entre los toledanos ha sido sin duda don Francisco de Rojas Zorrilla (1607-1648) el que más fama tiene. Empezó a ser famoso muy joven. Parece que en 1638 fue malherido a causa de un «vejamen» de Carnestolendas, en que ofendió a algunos caballeros y se le dio por muerto: pero vivió diez años más. Rojas, dentro de la corte, tuvo vida accidentada. Al concedérsele un hábito se dijo, con malignidad, que descendía de judíos y moriscos y tuvo una hija natural cómica, «la Bezona». Las obras de Rojas[28] pueden ser objeto, dentro de lo más limitado de su producción, de una clasificación parecida a las de Lope y sus discípulos. Toledo y lo toledano lo toca en su drama más famoso *Del Rey abajo, ninguno*. Pero como uno de los creadores de la «comedia de figurón» creó una, *Entre bobos anda el juego*, en la que el personaje burlesco lleva nombre que, inmediatamente, se asocia con la ciudad: *Don Lucas del Cigarral*.[29] Porque, según dice el gracioso Cabellera:

Don Lucas del Cigarral
(cuyo apellido moderno,
no es por su casa, que es
por un cigarral que se ha hecho).[30]

Un carácter extravagantísimo, según el que informa; estupendo, según él mismo. Al hacer su autorretrato da una pintoresca nota toledana:

Si en Zocodover toreo,
me llaman el secretario
de los toros, porque apenas
llegan cuando los despacho.[31]

Como es sabido, Thomas Corneille adaptó la comedia al francés, llamándola *Don Bertrand du Cigarral;* el recuerdo de Toledo se pierde en *Don Japhet d'Armenie* de Scarron, que es una imitación *pálida* según los críticos de la obra de Rojas.

3. *Algo sobre funciones catedralicias*

Además del que podríamos llamar gran teatro profano, había en Toledo fechas determinadas del año en que se daban otras funciones teatrales propiamente dichas, de carácter religioso. Con imponente escenario: nada menos que la catedral. Una vez más, nos encontramos con que ésta refleja de modo muy expresivo la gran tradición de las iglesias europeas, que son la cuna de gran parte del teatro en la Edad Media, aunque en otros tiempos la Iglesia se hace bastante rigorista a este respecto.

Sobre las funciones toledanas hay algunos textos curiosos. Cierto erudito toledano de la época de Carlos III dejó manuscritas una serie de disertaciones acerca de la historia de la catedral de Toledo, entre las cuales, la sexta se titula *Sobre las representacio-*

nes poéticas en el templo y Sybila de la noche de Navidad. Este erudito se llamó don Felipe Vallejo y el calígrafo y dibujante De Santiago Palomares colaboró con él en el volumen manuscrito que se conserva en la Real Academia de la Historia y que pertenece al fondo San Román.[32] Como otros de su época, el autor debía ser algo rigorista. En su disertación hay bastantes datos generales acerca de las representaciones en los templos y otros referidos a la catedral de Toledo en concreto. Considera que las «farsas sagradas» se documentan en el siglo XII y que las celebraban, con frecuencia, hermandades o cofradías de la Pasión.[33] Hace examen de una especie de auto de la Epifanía, del que da el texto, relacionado con composiciones de Alfonso X.[34] Después de esta época piadosa e inocente, señala un proceso de *corrupción*, a causa de vicios introducidos por juglares y farsantes públicos.[35] La «Pasión» y las vidas de los santos se representan por «mozos de coro», clerizones jóvenes y otros servidores catedralicios.[36]

Pese a prohibiciones generales,[37] lo que podríamos llamar teatro eclesiástico es cada vez más gustado y presenta evidentes progresos. En unas actas capitulares fechadas a 11 de diciembre de 1511, Vallejo registra que en determinadas fechas se celebraban representaciones entre los dos coros de la catedral, entre la capilla de San Eugenio y la de don Luis Bara, al salir de la puerta que se veía desde el palacio arzobispal, en la capilla mozárabe y en la casa del deán, a la puerta del Perdón y en la lonja de la esquina del claustro. Otras en los Cambios, Logrejo, Zapatería y Zocodover. Diez actuaciones con las procesiones correspondientes.[38] En Corpus eran señaladas las funciones teatrales, también en las dos Pascuas, y se conservan contratos de encargo de autos sacramentales al maestro Valdivielso.[39] Pero en 1614 hay una prohibición de hacer farsas en lugares sagrados.[40] Acaso contribuyó a

149

esto que se hubiera contratado en ocasiones a actores y actrices profesionales, a los que en alguna ocasión había que sacar de malos pasos y que no tenían reputación excesivamente buena entre gente timorata.

Pero Vallejo saca un texto de la biografía del arzobispo Silíceo, por el que se ve que éste, hombre intransigente en otras cosas, gustaba del teatro de Iglesia. Dice el historiador Baltasar Porreño que cuando le otorgaron el capelo se montó un tablado entre los dos coros y se representó un «entremés», cuyo tema era el del pastor anciano y las siete artes liberales, con una danza de salvajes u otra de seises previamente. El pastor anciano era el nuevo cardenal. El texto (que Vallejo transcribe) produjo placer al homenajeado, porque constituía una pura alabanza a su gestión y tenía alusiones y aun pullas contra sus opositores y subalternos, que le habían combatido en el asunto del estatuto de limpieza y otros.[41] Hay, evidentemente, muy diferentes clases de rigorismo. El de Silíceo era distinto al de Vallejo. Éste termina su disertación con un análisis de la función de la *Sibila Eritrea* en la noche de Navidad, que considera algo completamente superior a autos, entremeses y otras funciones. Después del Tedéum aparecía un seise vestido a la oriental, que representaba a la sibila Heróphila, y otros hacían de ángeles. Concluidos los maitines aparecía en el tablado cantando la sibila y contestándole los otros. El canto al comienzo decía:

Quantos aquí sois juntados
ruégoos por Dios verdadero
que oigáis del día postrero
quando seremos juzgados.
Del Cielo de las alturas
un Rey vendrá perdurable
con poder muy espantable
a juzgar las criaturas.

Los otros en un momento levantaban las espadas y
cantaban:

> Juicio fuerte
> será dado, etc.

Esto creía Vallejo que denotaba fuerte influencia
benedictina francesa.[42] Es muy interesante como
complemento gráfico el dibujo de la función de la
catedral que coloca antes de la disertación y que se
reproduce en la fig. 11.[43] En suma, gran teatro del
Mundo y también gran juicio de Dios sobre lo que en
el Mundo pasa.

Auto de la *Sibila*,
según don Francisco Javier de Santiago Palomares
en el manuscrito de don Felipe Vallejo (s. XVIII)

4. *Toledo en el teatro español*

Pero si Toledo fue ciudad famosa por sus cómicos
y representaciones, y donde vivieron hombres como

Lope, Tirso y Moreto, lo fue también porque estos autores y otros la escogieron como escenario de acciones de toda índole. A lo largo de estas páginas se ha visto cómo sólo Lope puso la acción en Toledo a obras dramáticas de carácter religioso, como *El capellán de la Virgen* y *El niño inocente de La Guardia* (al menos en parte).

Centrada en la ciudad está también la acción de obras de carácter histórico, como *El hijo por engaño y toma de Toledo*, *Las paces de los reyes y judía de Toledo* y *La paloma de Toledo*. También la acción novelesca de *Los palacios de Galiana*. Parte de las obras sobre don Rodrigo se desarrollan en Toledo, como es natural. Pero aún hay otras más de ambiente toledano. Alguna de exaltación genealógica.[44]

A veces Lope puso en escena algún hecho que produjo gran efecto en su época, en la ciudad. Esto parece que ocurre en el caso de *El Hamete de Toledo*. Debió ser el protagonista un moro cautivo, llevado a la ciudad, distinguido por su bizarría, pero que en momento determinado es acometido por una especie de furor que le hace matar a personas principales, entre ellas una dama, es capturado, condenado a muerte y al final se arrepiente y convierte.[45] Otras comedias utilizan temas conocidos de la ciudad, como el de *La ilustre fregona*.

Con el nombre de la novela de Cervantes y atribuida a Lope se publicó una comedia, que sigue de modo fiel al texto cervantino. Pero parece que no es de Lope. El tema, por lo demás, se repite en cuentos populares y otras comedias: de don Diego de Figueroa y Córdoba *(La hija del mesonero)*, la rapsodia de Cañizares, etc.[46] El recuento sería interminable. Pero hay que indicar que también Lope, y para representarlas en Toledo, escribió comedias de enredo, que pasaban en la ciudad y que en su título aludían a la misma, como *La noche toledana*. La expresión debe ser antigua y según el diccionario de autoridades se llamaba así a la que se pasa sin dormir.[47] Lope compuso un tercer acto de la comedia en trances amorosos que tienen a los personajes de esta suerte hasta el final afortunado. El que da mejor cuenta del embrollo de la noche es el gracioso que anda huido por los tejados, dando idea de la complicada topografía de la ciudad.[48] En 1605, se representó en Toledo, con motivo del nacimiento de Felipe IV, y hubo unas fiestas literarias en que también participó Lope.[49] Hay otras más que pasan en la ciudad, como *El Alcalde Mayor*.[50] Toledo como escenario y los toledanos como autores siguen siendo después objeto del interés de los grandes dramáticos; Calderón, por ejemplo. Aún más tarde, en época de decadencia, hay algunas comedias (que no dejan de ser curiosas) que reflejan lo mismo.

Es imposible dar una lista de todas. De Calderón ya se ha recordado, al tratar del castillo de San Servando, *Cada uno para sí*. De don Luis Vélez de Guevara es *El asombro de Turquía y valiente toledano*, en que el protagonista es don Francisco de Ribera y que pasa en tiempo en el que el gran duque de Osuna era virrey de Nápoles. La acción es heroica[51] y debe corresponder a un episodio en la lucha contra «el Turco», tema fundamental en la época. Don Eugenio Gerardo Lobo, poeta toledano, dejó una comedia sobre tema que también lo es, *El tejedor Palomeque, y mártires de Toledo*, que no he tenido ocasión de leer. Desde luego no ha tenido la fama de *El tejedor de Segovia*. En esta época de amaneramiento teatral se estrenan otras obras en que se explota el tema de Toledo como ciudad misteriosa y legendaria: hay que reconocer que sin gran resultado.

A un autor extravagante, don Tomás de Añorbe y Corregel se debe *La encantada Melisendra y Piscator de Toledo*,[52] comedia no de «figurón», sino de figurones: un linajudo y rústico hidalgo asturiano, un viejo beato, «barba», su hijo astrólogo, la hija, «crítica», según el reparto, gongorina, más bien. Lo que aquí hay que destacar es que la acción pasa en Toledo. El asturiano, más que a casarse ha llegado a la ciudad porque, por procedimientos misteriosos y a través de un escrito arábigo, cree que puede hacerse con un tesoro que dejó escondido y encantado el rey moro Alimaimón, que está con su hija Melisendra y custodiado por Rodamonte. Como la casa de don Fernando, el beato, tiene grandes sótanos, los galanes y sus enamoradas urden allí unas visiones en que aparecen vestidos a lo turco. Añorbe murió en 1741 y la comedia, para la época, da muchas notas de arcaísmo: es evidente que en Toledo debieron quedar noticias, más o menos fabulosas, respecto a tesoros encantados en la época de los moros. Hay eco de lecturas caballerescas. La comedia no aprovecha bien todo esto.

Mucho más tarde los románticos, no sólo españoles, sino también ingleses, se inspiran en Toledo y en temas toledanos; pero podemos decir que desde lejos.

1. Edición Madrid, 1966, II pp. 594-595 y la nota 22 al capítulo XIX, IV, pp. 1625-1626.

2. 2.ª edición, Madrid, 1966, pp. 113-114.

3. Edición de Madrid, 1880, p. 510.

4. *Algunas obras de F. de Villalobos*, en *Bibliófilos Españoles*, XXIV, p. 4.

5. Hurtado de Toledo, *Memorial...*, p. 567.

6. Capítulo VI, rr. 253-255, ed. de Miguel Herrero García, Madrid, 1983, p. 285.

7. *Floresta Española*, edición de *Bibliófilos madrileños*, III, p. 160.

8. «A los aficionados a la lengua española», en *Epistolario español*, II (B.A.E. LXII) p. 66 b.

9. *Obras...*, nueva edición, X, Madrid, 1929, p. 286 a.

10. En la edición de Luitprando, Amberes, 1640, p. 373. Pisa, *Descripción...*, fol. 56 vto., a, b (primera parte, libro I, capítulo XXXV).

11. Martínez Kleiser, *Refranero Ideólogico...*, n.º 28.023 (p. 317 b).

12. Herrero García, *Ideas de los españoles del siglo XVII*, pp. 116-117.

13. *Viaje entretenido*, I (N.B.A.E., XXI), p. 540 b (libro II). *Orígenes de la novela*, IV.

14. María de Zayas, *Novelas ejemplares y amorosas*, ed. Madrid, 1795, p. 133.

15. En *Amar sin saber a quién*, jornada I, *Obras dramáticas de Lope de Vega*, nueva edición de la Real Academia Española, XI, Madrid, 1929, p. 288 b.

16. *Obras dramáticas...*, nueva edición de la Real Academia Española, VI, Madrid, 1928, p. 90.

17. Ed. de la parte XXIX imprensa en Huesca, 1634 p. 122. C. Fernández Gómez, *Vocabulario*, III, p. 2733.

18. *Obras...*, (B.A.E., I) p. 166 a.

19. *Cada uno para sí*, acto III, escena XVIII. *Comedias de D. Pedro Calderón de la Barca*, III (B.A.E., XII), p. 468 c.

20. Véase p. 74.

21. Parro, *Toledo en la mano*, II, pp. 540-542.

22. Titulada *Lope de Vega, los cómicos toledanos y el poeta sastre*, Madrid, 1935.

23. San Román, *op. cit.*, pp. 229-234.

24. San Román, *op. cit.*, pp. 87-108.

25. *Estudio histórico-crítico. El teatro en Toledo durante los siglos XVI y XVII*, Valencia, 1909.

26. Publicados con sus loas, jácaras y mojigangas en la *Colección...* de Cotarelo, I, 2 (N.B.A.E., XVIII), pp. 500-847.

27. Publicados algunos en *Autos sacramentales desde su origen hasta fines del siglo XVII*, B.A.E., LVIII, pp. 202-269.

28. Selección, *Comedias escogidas de Don Francisco de Rojas Zorrilla*, B.A.E., LIV.

29. *Ibid.*, ed. cit., pp. 17-57.

30. *Ibid.*, ed. cit., p. 18 b.

31. *Ibid.*, ed. cit., p. 30 c (acto III).

32. Vallejo, *Memorias...* (véase el título entero en la bibliografía), fols. 587-643.

33. *Ibid.*, fol. 590.

34. *Ibid.*, fols. 591-599.

35. *Ibid.*, fol. 600.

36. *Ibid.*, fol. 601.

37. *Ibid.*, fol. 601. Cita la partida, 1, título VI, ley 34.

38. *Ibid.*, fol. 607.

39. *Ibid.*, fols. 608-609.

40. *Ibid.*, fol. 626.

41. *Ibid.*, fols. 611-619 con el texto. Más detalles en los fols. 619-621.

42. *Ibid.*, fols. 627-643.

43. *Ibid.*, fol. 585.

44. *La paloma de Toledo*, comedia refundida de otra de Lope, es, según Menéndez Pelayo, de las de carácter genealógico, con el designio de ensalzar al linaje de los Palomeques: *Obras...*, XXIII (B.A.E. continuación CCXIII) p. 100 de la introducción.

45. *Obras dramáticas...*, nueva edición de la Real Academia Española, VI, Madrid, 1928, pp. 171-208 y el comentario pp. 13-15.

46. *Ibid.*, VI, Madrid, 1928, pp. 424-456, y la introducción, pp. 22-23.

47. *Diccionario de la lengua castellana*, IV, Madrid, 1734, p. 673 b.

48. *Obras...*, nueva edición, XIII, Madrid, 1930, pp. 95-132.

49. Véase la introducción de Cotarelo, *op. cit.*, p. 11.

50. *Obras...*, nueva edición, XI, Madrid, 1929, pp. 210-245.

51. He consultado un ejemplar impreso en Barcelona, 1771, de una serie de la que es el número 159.

52. Ejemplar impreso en Valencia, 1769. De una serie en que lleva el número 156.

IX. Arte toledana: Toledo, ciudad de la magia y la leyenda

1. *La cueva de Hércules*

Aparte de los espacios sagrados o religiosos, hemos dicho que en Toledo había otros que se consideraban mágicos: y en primer lugar porque en ellos se decía que se había enseñado la magia misma, a la que en algún texto latino se llama «Scientia toletana» y en otros, castellanos, «Arte toledana» por excelencia.[1] La fama de Toledo a este respecto es muy antigua e internacional. Dentro de la ciudad las tradiciones sobre el asunto corrieron, encontradas a veces.

Cuando el padre Román de la Higuera, con su peculiar afición a los datos precisos, falsificó el «cronicón» de Luitprando, le hizo decir que fue en el año 820 d. J.C. exactamente cuando los mismos demonios empezaron a enseñar la magia en la cueva que el vulgo decía que había construido Hércules. Dice también que, por la difusión de su fama, a esta actividad se la llamó «Scientia toletana» por antonomasia.[2] El comentario corre docto. Pero conviene que ahora digamos algo, en primer término, sobre el lugar de la cueva. El que escribió de modo más abundante, podría decirse que torrencial, acerca de ella, fue el conde de Mora. Indica éste que se halla en casi lo más alto de Toledo, en San Ginés, con puerta a la misma iglesia, «y va por debaxo de tierra por la Ciudad, hasta salir della más de tres leguas...» Hubo de experimentar aumentos y la puerta a la iglesia se cerró «por justas causas». «Es rara su fábrica por la compostura de arcos, pilares, y piedras menudas...» ¿La labró Hércules? El conde de Mora sigue al doctor Salazar de Mendoza y afirma que en realidad la labró Tubal, que Hércules la reedificó y que los romanos la ampliaron.[3] Su fiel seguidor don Cristóbal Lozano dirá rotundo: «Mas con toda brevedad, sentaremos por fixo, que Tubal dió principio, y Hércules el famoso la reedificó, y amplió, sirviéndose de ella como de Real Palacio, y leyendo allí la Arte Mágica».[4] Como se ve, el padre Román era más modesto en su falsificación que sus discípulos. Lo que se menta del interior es maravilloso.

En 1546, el arzobispo Silíceo mandó realizar allí una exploración. Varias personas con linternas y cordeles penetraron bastante. Pero a menos de media legua hallaron en una especie de altar varias cabezas de bronce. Una cayó con tal estruendo que produjo el pavor de los exploradores. Pasaron adelante, sin embargo, hasta dar con una gran corriente o golpe de agua. Se espantaron más, salieron despavoridos otra vez, congelados también. Alguno murió. Un chico, asustado porque su amo le quería azotar, sí la atravesó toda, saliendo a tres leguas en el camino de Añover. La gente, por su parte, creía que en ella había un gran tesoro, custodiado por un perro, vigilante noche y día, y guardián de la llave. Un pobre hombre tentado por la codicia se acercó al lugar donde estaba, halló muchos muertos, perdió el ánimo y murió al salir.[5] En 1851, se volvió a explorar y se excavó algo, llegándose a la conclusión de que parte de ella debía pertenecer a la fortificación del antiguo recinto romano.[6]

En todo caso el conjunto contaba con elementos visigodos y musulmanes, descubiertos debajo de la casa número 2 de la calle de San Ginés.[7] La localización puede explicarse porque allí hubiera en algún tiempo ciertas enseñanzas acerca de las que después corrieran rumores, explicables también por la fama de los sabios y «traductores» de Toledo. Ya a mediados del siglo XII las noticias acerca del «Arte toledana» corrían por Europa.

2. La enseñanza de la magia en la Edad Media

En un diccionario moderno acerca de las creencias alemanas o germánicas, que recoge mucha más información de la que promete el título, se afirma de modo rotundo que la más antigua y famosa escuela de magia de toda Europa fue la de Toledo.[8] En un artículo de la misma obra, dedicado especialmente a las escuelas de magia («Hochschulen der Zauberei»), se dice, en primer término, que la fama que tenían las españolas se debía a que cuando los musulmanes dominaban ciudades como Toledo, Sevilla, Córdoba, Granada e incluso Salamanca, en las escuelas adscritas a las mezquitas (que llamamos «madrazas» en castellano) se explicaban no sólo ciencias teológicas y filosóficas, sino también otras, de las que se llaman ocultas, astrología y alquimia. De aquí la fama en los países cristianos.[9] Así resulta que con respecto al año 1143 se da la siguiente referencia de Guillermo de Memelsbury: «*Sicut Christiani Toletum, ita ipsi Hispallim, quam Sebiliam vulgariter vocant, caput segui habent, divinationibus et incantationibus more gentis familiari studentes*».[10] Se decía, también, que el que fue papa con el nombre de Silvestre II (996-1002), Gerberto, había adquirido su gran conocimiento en las artes mágicas en Sevilla. De esta tradición, extendida en Europa,[11] hay expresión en textos españoles. En el capítulo CI del *Mar de historias*, de Fernán Pérez de Guzmán, se trata del papa, llamándole Gilberto. Se dice que, en efecto, vino a España y fue a Sevilla, cuando la ciudad era de los moros, permaneciendo muchos años en casa de un moro filósofo, «el qual tenía un libro en que estavan todas las reglas e figuras de la negromancia». Después pudo escapar con ayuda del Diablo y de una hija del moro. Siguió luego practicando la magia, incluso en Roma, donde, en trance parecido, fue más prudente que don Rodrigo en el palacio encantado de Toledo.[12] En relación siempre con nuestra ciudad, no cabe duda de que actividades como las de Gerardo de Cremona (1114-1187), que tradujo libros de «Geomancia» y otras artes similares, dentro de la escuela de traductores, dieron peso a la fama.

Cesario de Heisterbach hace referencia a los jóvenes que «apud Toletum studebant necromantica»,[13] y en la vida de san Egidio (muerto en 1265) se indica que de joven, seducido por el Demonio, fue a Toledo a aprender el arte mágica,[14] y que estuvo en el antro subterráneo y oculto, e hizo un pacto con el Demonio firmado con su propia sangre. Otros textos comprueban lo mismo (de Fernando del Castillo, Del Río, etc.).[15] Además de Toledo y Sevilla, se dijo que hubo escuelas semejantes en Salamanca y Granada.[16] Pero la fama de Toledo era tal que en algunos textos se alude a magos que de allí fueron a Maastricht (en 1223) difundiendo su saber.[17] No faltan tampoco los españoles medievales que dan por sentada la enseñanza, como se ve por el «ejemplo XI» de *El conde Lucanor*, que cuenta lo que le ocurrió a un deán de Santiago con don Yllán, «el gran maestro de Toledo».[18] Benedetto Croce recuerda que durante la Edad Media, en Europa y especialmente en Italia, se consideraba que así como Bolonia era la sede del conocimiento del derecho y Salerno la del de la medicina, España en general y Toledo en particular, tenían la fama de ser sede de las ciencias ocultas y que incluso eran los «daemones» los que las enseñaban y cita una octava de Luigi Pulci (1432-1484?) que corre así:

> Questa citá di Tolleto solea
> tenere studio di negromanzia;
> quivi di magica arte si leggea
> publicamente e di quiromanzia;
> e molti geomanti sempre avea,
> esperimenti assai d'idromanzia;
> e d'altre false openion di sciochini,
> comm'e fatture o spesso batter gliorehi.[19]

Hay otros textos italianos, igualmente significativos; la creencia se mantiene durante los siglos XVI y XVII y, como se ha visto, da lugar a que los más autores dramáticos creen, partiendo de ella, algunas tramas de obras curiosas.

El más importante tratadista de magia del siglo XVI, Martín del Río se hace eco de la fama: «*legimus post Saracenicam per Hispanias illuvionem, tantum invaluisse Magicam, ut, cum litterarum bonarum omnium summun ibi esset inopia et ignorantia, solae ferme daemoniacae arts palam Toleti, Hispali, Salmanticae doceretur*».[20] Aparte de esta enseñanza, realizada o no en la cueva, había y hay en Toledo otros lugares de gran significado en la historia general de España que también poseían gran reputación mágica por estar «encantados».

3. *El palacio encantado y la «pérdida de España»*

En relación con la cueva de Hércules y a «una manga o cabo» de ella, colocaba don Cristóbal Lozano un palacio encantado «en que Hércules mismo puso ciertos lienços, y figuras con algunos caracteres, alcançando por su ciencia que avía de verse España destruida».[21] De éste trataban ya don Rodrigo Jiménez de Rada[22] y la *Crónica general*...[23] También hay noticia de ello en los geógrafos árabes más famosos. Así Al-Himyarī se hace eco de la misma, siguiendo a Edrisi o Id'rïsï.[24] Otros también la dan,[25] así como noticia del hallazgo de la mesa de Salomón: cosa muy repetida.[26] La de la cueva de Hércules es, sin duda, una de las grandes leyendas histórica toledanas que comprometían a don Rodrigo. Mariana ya daba noticia de ello con reserva. Si algunos lo consideraban «invención y patraña», otros graves autores lo relatan y hay que respetarlos.[27] Pisa separaba este palacio de la cueva y decía, siguiendo un texto de Tarif, que se hallaba a una milla fuera de la ciudad, hacia la Huerta del Rey y que «las letras que en este palacio fueron halladas, no se ha de entender que fueron puestas por Hércules en la fundación, ni por algún nigromántico, como algunos piensan, pues sólo Dios sabe las cosas por venir...».[28] Tampoco Pedro de Alcocer[29] y Ambrosio de Morales[30] asociaban el palacio con la cueva. Pero la fama aún dura y en el romancero hay reflejo de su fuerza.[31]

Parece, de todas maneras, que en la elaboración de la leyenda hay un personaje del siglo XV que tuvo un gran papel. Me refiero a Pedro del Corral, autor de la *Crónica del rey D. Rodrigo, con la destrucción de España*, que ya estaba escrita a comienzo de aquel siglo y que se publicó muchas veces en el XVI, a partir de 1511. La *Crónica* fue considerada por Menéndez Pelayo como la más antigua comedia histórica de argumento nacional, y en punto a la cueva encantada suministra una gran cantidad de detalles, partiendo de que la construyó «Hércules el fuerte». No es cuestión de transcribir estas ficciones y amplificaciones, que dieron base a romances y a algunos de los textos citados.[32] Sí de señalar su importancia. Porque además de influir en otras obras seudohistóricas con el mismo tema, como la del morisco Miguel de Luna,[33] a través de ésta hubo de influir también en la composición de *El último godo* de Lope de Vega y otras piezas literarias famosas. En la jornada primera de la obra de Lope, Teodoredo, godo, refleja el contenido de la pintura:

> ¿Viste los hombres tostados
> de mil tocas guarnecidos
> los bonetes colorados,
> de alarbes trajes vestidos;
> rojos, verdes y morados?
> ¿Viste los jinetes todos
> y con sus jinetas lanzas
> a cuadrillas de mil modos?
> Presto verás las mudanzas
> del imperio de los godos.[34]

163

Como se ve, las «fantasías moriscas» tienen sus antecedentes ilustres.

Otra vez, en *La doncella Teodor*, recuerda Lope, por boca de don Félix, lo ocurrido a don Rodrigo:

> ¿No habéis oído decir
> de la cueva, y los candados
> que rompió el rey don Rodrigo,
> cuando en alarbes caballos
> vio tanto bonete rojo,
> vio tanto turbante blanco
> tanto jinete y adarga
> y tanto alfanje africano?[35]

La cueva o recinto existe todavía. El mismo Lope hizo otra alusión a la leyenda del último rey godo, anticipando la referencia, en la jornada tercera de la *Comedia de Bamba:*

> El Rey que aquesto verá,
> a la España perderá
> como se lo digo aquí.
> Por vengarse don Julián
> del agravio de Rodrigo,
> dará a España éste castigo
> del modo que aquí verán.[36]

Pero parece que lo que expresa respecto a que el moro Mujarabo fuera el que pintó las imágenes de los que habían de derrotar a Rodrigo, poniéndolas en la cueva encantada en obsequio de Ervigio, es también invención suya.[37] En todo caso, la leyenda va cargándose de detalles con el tiempo, se modifica y no es sólo la tradición oral la que produce alteración y confusiones, sino lo escrito por hombres de ingenio.

El conde de Mora reúne muchos de los textos citados y aun otros, y cree que el palacio estaba en relación con la cueva de Hércules y que había sido fabricado por arte nigromántica.[38] Como se ve, la magia ocupa un lugar importante en la tradición toledana.

4. Don Enrique de Villena

Aún hay otro lugar famoso a este respecto. No lejos de la antigua sinagoga, que luego fue iglesia del Tránsito y que hizo construir a sus expensas el tesorero de don Pedro I de Castilla, don Samuel Leví, mandó también edificar su palacio, enriqueciendo así la vieja Judería. Era de estilo arábigo como la sinagoga y fabulosamente rico; pero don Samuel tuvo, como su rey, gran protector de los judíos, por cierto, un final trágico. El palacio se dice habitado tiempo después por don Enrique de Villena (1384-1434). La figura de don Enrique aparece con trazos bastante ambiguos. Por un lado vemos a un hombre sensual, débil, sin autoridad alguna en un mundo de personas violentas e intrigantes. Por otro, a un curioso de todos los saberes, desde lo que hoy se llaman ciencias ocultas a la cocina, desde las humanidades a la medicina. Fue carácter solitario, dado de lado. El clero le veía con prevención y Juan II encomendó a fray Lope de Barrientos que hiciera expurgo y una clásica quema de sus libros cuando murió. Don Enrique, según la tradición popular, está vinculado a la famosa «cueva de Salamanca»: pero también al palacio toledano, en cuyos subterráneos se decía que hacía juntas de magos y hechiceros. Allí, también se creía que había acumulado sus inmensas riquezas el tesorero del rey don Pedro. Pero después fue propiedad del favorito de Enrique IV, don Juan Pacheco, marqués de Villena (tipo común de ambicioso) y de sus descendientes. En 1525 se fecha otro hecho famoso, que dio fin a la magnificencia del palacio. Porque lo incendió su propietario después de que albergara durante su estancia en Toledo al condestable de Borbón, traidor a su rey.[39]

Este episodio es el narrado en el famoso romance histórico del duque de Rivas, *Un castellano leal*, que se publicó en 1841. En esta época romántica todavía corrían leyendas más vinculadas a don Enrique que a ninguno de los otros personajes que habitaron el palacio. Se decía, por ejemplo, que al morir el mago se vio sobre los tejados un carro tirado por dragones con colas de fuego. Después del incendio quedó poco: varias bóvedas sólidas, unos arcos de ladrillo, unos subterráneos interrumpidos por la construcción de nuevas viviendas; según Amador de los Ríos, todavía en 1845 en aquellos residuos vivían «varias familias descendientes de la raza hebraica, como para custodiar la memoria del fundador y dar mayor fuerza a las tradiciones del pueblo, que ve todavía en aquellos escombros los poderosos cimientos de un palacio encantado».[40] Pero aún hay más. Sobre una parte del palacio, ya en el siglo XVI, se construyó una casa regular en la que vivió durante bastantes años nada menos que el Greco. ¿Se puede dar más «magia» acumulada?

A mediados del siglo XVI, las casas del marqués de Villena estaban en muy mal estado, aunque debían conservar habitaciones grandes y algún resto de su esplendor. Un corredor de ellas daba al río, lo cual indica que se extendían más al sur de donde está la hoy llamada «casa del Greco». La parte que habitó el Greco está destruida y la ocupa el paseo del Tránsito, y la actual casa estaba fuera del conjunto. El Greco vivió en ella en 1585-1586 y luego desde 1604 hasta su muerte. El espacio que ocupaba era grande, también mayor la renta que pagaba que la de otros inquilinos. Tenía la casa dos patios, jardinillo, una parte dedicada a las mujeres (un «gineceo»), un «cuarto real» con la cocina principal, otra además de sótano, había muchos corredores: veinticuatro aposentos en conjunto.[41] Y (esto es importante) algún corredor que daba al Tajo.

Casas del marqués de Villena,
donde vivió el Greco, y los contornos

1. Casas municipales del marqués de Villena
2. Casas de la «duquesa vieja» 3. La sinagoga y la encomienda
4. Hospital del Corpus Christi o de San Juan de Dios
5. Santo Tomé 6. San Cristóbal

Aparte de esto, en Toledo había otros sitios malfamados que corresponden a moldes que se dan en el folklore de las ciudades en general. Así, en la calle de las Ánimas existía la llamada «Casa del duende», donde se decía que de noche se celebraban orgías macabras, donde vivían una bruja y un judío, y que al fin ardió, como castigo. También había una «Casa de las cadenas», habitada por otro judío, y era malfamada, asimismo, la llamada de los Templarios, junto a San Miguel el Alto.

5. *Localización de otras leyendas: Galiana y sus palacios. La mansión de* La doncella Teodor

Desde un punto de vista general, teórico, el examen de otras leyendas referentes a Toledo tiene gran interés para aclarar o ilustrar un hecho, que es el de la «localización». Se observa, en efecto, con frecuencia que leyendas y narraciones acuñadas en época remota, se tienden a localizar y en casos también a actualizar. De esta suerte, al fin, se sitúan en un espacio determinado y a él se refieren después oralmente o por escrito toda clase de personas como a algo indudable. Esto pasó con don Enrique de Villena. He aquí otro caso: en 1874, un erudito francés encontró seis fragmentos de un poema también francés del siglo XII, titulado *Mainet*. En el poema aparece Carlomagno joven, perseguido y recibiendo la hospitalidad de Galafre, rey moro de Toledo. Ayuda el héroe cristiano al moro en sus contiendas, y la hija del rey, Orionde Galienne, se enamora del joven. Era esta dama entendida en artes mágicas y astrología. Carlomagno (que es Mainet) vence al gigantesco Bramante, que pretende a la dama, y ésta le libra (por sus conocimientos) de las insidias de su propio hermano, que le indispone con Galafre; huye el héroe, va a Roma, vence a un ejército sarraceno y salva al Papa. Hay rapsodias de este texto y relatos en italiano y alemán, más o menos paralelos. Pero uno desarrollado con coherencia sobre otro texto más antiguo y genuino quedó como embutido y tra-

ducido en la *Crónica General,* en los capítulos VI, VII
y VIII. En el *Maynet* o *Mainete,* termina casándose
con Galiana, llevándola a Francia, donde, claro es,
se hace cristiana. Dejando ahora a un lado la masa
enorme de variantes entre los textos y también algunas semejanzas entre la leyenda toledana de Carlomagno y la del Alfonso VI (del que se enamora Zai-
da), pero teniéndo en cuenta la versión de *La Gran
Conquista de Ultramar,* llegamos a los autores toledanos que fijan de modo preciso el lugar y la naturaleza de los «palacios de Galiana». Que éstos eran ya
conocidos en la Edad Media lo acredita, precisamente, *La Gran Conquista...,* en un pasaje que dice
que el rey de Toledo aposentó al conde Morante y a
treinta caballeros que le acompañaban «en su alcázar menor que le llaman agora los palacios de Galiana, que él entonces había hecho muy ricos a maravilla, en que se tuviese viciosa aquella su fija Halia; e
este alcázar e el otro mayor eran de tal manera fe-
chos, que la Infanta iba encubiertamente del uno al
otro cuando quería».[42]

El Dr. Pisa conocía la historia de *Mainete* pero,
siguiendo a Garibay y a Morales, dice que ningún
hombre de letras y juicio la acepta como auténti-
ca,[43] aunque indica que el vulgo llama palacios de
Galiana «a una casa que está ya casi assolada, en la
huerta del Rey»: una casa de recreo con sus baños.[44]

Más adelante, la tradición se complica, porque
una vez más interviene el padre Román de la Higuera, que da fe de todo por boca de Luitprando,[45] al
que anota de modo minucioso, como siempre, apo-
yándose también en el padre Francisco de Bivar y en
su otro «hijo» Julián Pérez.[46] Pasa el tema al conde
Mora, como es natural, y de él a don Cristóbal Lozano. Pero éste indica también que los jardines estaban adornados con estanques muy artificiales y co-
menta: «pues dicen, que subía y baxaba el agua con
la creciente y menguante de la luna; si era por arte

de Nigromancia, o era quizá por el arte de las azudas, que es nombre arábigo, y comenzarían entonces, se dexa al discurrir de cada uno. Quando crecía, pues, el agua, era en tanta altura, vaciando en unos caños, corría encañada hasta el palacio, que tenia el rey moro dentro de la ciudad, que era, dicen, en aquella parte, que está oy el Hospital del Cardenal Don Pedro González de Mendoza, de Niños expósitos, y el convento de Santa Fe la Real. Con que advertir de passo es curioso, que es muy antiguo en esta ciudad aver artes de Juanelo, que suban a los alcázares del río».[47] Es difícil averiguar la pista, pero no cabe duda de que Lozano tenía noticia de que en tiempos de los árabes había por allí artefactos hidráulicos muy admirados, como lo demuestra un texto de Azzahri dado a conocer por Gayangos, en el que se dice que el astrónomo Azarquiel construyó un reloj que indicaba no sólo la hora, sino también el día de la luna, en una casa a orilla del Tajo y cerca de la puerta de los Curtidores y describe minuciosamente las clepsidras. Indica también que cuando Alfonso VI conquistó Toledo encomendó a un sabio judío, que era también astrólogo, que estudiara su funcionamiento y que éste las desbarató y no supo poner remedio al mal que produjo.[48] Como se ve, los palacios y sus habitantes tenían una extraña reputación y a ella se debe que una vez más Román de la Higuera diera a entender que allí había una especie de academia todavía en tiempos de Alfonso X el Sabio. Todo esto se halla en la introducción de Menéndez Pelayo a la comedia, primera entre las novelas de Lope, *Los palacios de Galiana.*[49]

En la época en que don José Amador de los Ríos dio una cumplida descripción de lo que quedaba de «los palacios»,[50] se hicieron dibujos que expresan muy bien qué quedaba de ellos, por el exterior; dibujos románticos y exactos a la par. En ellos se ve un edificio, flanqueado por dos torres, con un puente de acceso. Los elementos arábigos se señalan, y a la derecha, detrás de un árbol corpulento, se ve un juego de azudas con ruedas por lo alto y detrás unos arcos ruinosos.[51] ¿Restos de las antiguas maravillas? En todo caso, el proceso de creación que supone el asociar estas ruinas con Carlomagno y su enamorada, mora o nigromántica convertida al cristianismo y llevada a Francia, es uno de los más extraños que cabe registrar en el mundo de las ficciones.

De una forma más particular todavía hizo Lope de Vega que el antiguo cuento, que se halla ya en *Las mil y una noches* y que luego, en España, durante el siglo XVI, se publicó en forma popular, como libro de cordel, con los cambios consiguientes, de *La doncella Teodor*, se refiera también a Toledo y de alguna forma parecida a la cueva donde se enseñaba la magia. Porque en su comedia la bella y sabia protagonista es toledana y nacida junto a San Miguel el Alto. Don Félix aclara:

> No es cueva;
> mas desta suerte la llamo,
> porque cuanto en ella miro
> todo me parece espanto.
> Enseña filosofía
> a caballeros y hidalgos,
> griego, latín y otras lenguas,
> junto a San Miguel el Alto
> Leonardo de Binis, maestro,
> pienso que alemán, casado
> en Toledo, con mujer
> tan docta, y que sabe tanto
> que de los dos ha nacido
> un monstruo, un Fénis tan raro
> en discreción y hermosura,
> que pone a la tierra espanto.[52]

No hay cosa extraordinaria que no pueda ocurrir o haber ocurrido en la ciudad.

1. Garibay, *Los XL libros del Compendio historial*, ed. cit., p. 131 (libro V, capítulo IV): «Con el tiempo los pobladores de Toledo vinieron como varones muy doctos, a enseñar a las gentes diversas sciencias, especialmente la astrología, y no pararon, hasta hazer lo mesmo en la mágica, la qual siendo por ello llamada arte Toledana, conserva hasta oy dia su nombre, llamándola assí en algunas partes». Lozano, *Reyes Nuevos...*, p. 3, b (libro I, capítulo I).

2. Edición de Amberes, 1640, p. 410 (n.º 244).

3. Mora, *Historia...*, I (parte I, libro II, capítulo XIV).

4. *Reyes Nuevos...*, p. 8, b (libro I, capítulo II).

5. Mora, *op. cit.*, I, pp. 97-97 (parte I, libro II, capítulo XIV). Ver también Garibay, *Los XL libros...*, I, p. 131 (libro V, capítulo IV) y Pisa, *Descripción...*, parte primera, fol. 14 vto. (libro I, capítulo V).

6. Parro, *Toledo en la mano*, II p. 648. Amador de los Ríos, *Toledo pintoresca*, pp. 328-329.

7. M. González Simancas, *Toledo...*, pp. 21-22.

8. Artículo «Kunst», en *Handwörterbuch des deutschen Aberglaubens*, de H. Bächtold-Stäubli y E. Hoffmann-Krayer», V, Berlín-Nueva York, 1987, Col. 826.

9. Artículo cit., op. cit., V, cols 140-148 de Jacoby.

10. Tomándolo de *De gestis regum anglorum*, II, p. 64, W. Savile, 1596, *Patrología Latina*, CLXXIX, col. 304.

11. El artículo citado hace referencia a Döllinger, *Die Papstfabeln des Mitteealters*, 1890, pp. 184 y siguientes.

12. Fernán Pérez de Guzmán, *Mar de Historias*, edición de Joaquín Rodríguez Arzúa, Madrid, 1944, pp. 189-191.

13. Artículo cit., citando a «Dial.» I, 1, c. 33.

14. Artículo cit., citando «Acta Sanct. Boll. Mai 3, 405; «Intellexit Aegidius magicas artes, a quibus illa tempestate in Hispaniis non abhorrebant homines, ab illo viae comite *(el Demonio)* perhiberi: et paululum quidem cogitabundus substitit, deinde autem pessimo acquievit consilio. Quare ommisso coepto itinere, Toletum deflexit, seque magistris impiae ac nequissimae disciplinas loca subterranea at que ab hominum conspectu remota fre-

quentantibus, juxta imperatas leges horrendo nefarioque sacramento addicit, seseque in animae exitium devovit, chirographo, sua manu de suo sanguine facto, in testimonium illis dato Decurso septeni spatio, bene ac male instructus».

15. Artículo cit. op. cit., V col. 142.

16. Artículo cit. op. cit., V cols. 142-143.

17. Artículo cit. op. cit., V, col. 145. Tomándolo de la Crónica de Alberico de Troisfontaines *Mon. Germ. Hist. SS*, XXIII, 845, 931, 932.

18. Edición de Lidio Nieto, Madrid, 1977, pp. 76-82.

19. Agradezco a don Emilio Temprano la referencia que está en la introducción de *La Spagna nella vita italiana durante la Rinascenza*, Bari, 1917, p. 11, con referencia a Morgante, XXV, 259.

20. *Disquisitionum magicarum libri sex*, ed. Venecia, 1616, p. 4 del «proloquium» (sin numerar).

21. Lozano, *Reyes Nuevos...*, pp. 9, b-10, a.

22. *De rebus Hispaniae*, libro III, capítulo XVIII, p. 64 de la edición del 1793.

23. Depende del anterior.

24. Al-Himyarï, *La péninsule ibérique...*, p. 157 de la traducción (n.º 122). Depende de Edrisi o Id'rïsï, *Description de l'Afrique et de l'Espagne*, pp. 227-228 de la traducción.

25. Ibn Khurradâdhbih, Ibn al-Faqih al-Hamadhâni e Ibn Rustih, *Description du Maghreb et de l'Europe au IIIe IX siécle...*, edición y traducción de Hadg-Sadok Mohammed, pp. 11, 27, 37, 65.

26. Ibn 'Abd al-Hakam, *Conquête de l'Afrique du Nord et de l'Espagne*, edición y traducción de A. Gateau, pp. 90-99.

27. *Historia de España*, libro VI, capítulo XXI, II, Madrid, 1841, p. 47 a.b.

28. Pisa, *Descripción...*, primera parte, fol. 121 (libro II, capítulo XXXI).

29. Este autor se cree que tomó mucho del canónigo Juan de Vergara, persona de muchísima erudición.

30. Vive de 1513 a 1591.

31. Amador de los Ríos, *Toledo pintoresca...*, pp. 326-328.

32. Texto y análisis en la introducción de Menéndez Pelayo a *El último godo* de Lope de Vega, *Obras...*, XVI (continuación B.A.E., CXCV) pp. 27-34.

33. *Historia verdadera del rey Don Rodrigo*, 4.ª edición, Valencia, 1646, pp. 22-26 (primera parte, libro I, capítulo VI). La primera edición es de 1592.

34. *Obras...* (B.A.E., continuación CXCV) p. 349, b.

35. *Ibid.*, XXX (B.A.E., CCXLVI) p. 207, a.

36. *Ibid.*, XVI, en B.A.E. (continuación, CXCV) p. 339, a.

37. Así lo indica Mendéndez Pelayo en la introducción a la comedia, op. cit., p. 18.

38. Mora, *Historia...*, II, p. 537 (segunda parte, libro IV, capítulo VII).

39. Passo, *Toledo en la mano*, II, pp. 654-656.

40. Amador de los Ríos, *Toledo pintoresca...* p. 246.

41. San Román, pp. 95-110.

42. *La gran Conquista de Ultramar*, B.A.E. XLIV, p. 181, b (libro II, capítulo XLIII).

43. De todas maneras tiene un ingrediente hispánico y toledano que destaca en un conjunto ajeno.

44. Pisa, *op. cit.*, fols. 27 r. b-27 vto. a (primera parte, libro I, capítulo XVII).

45. El de Ramírez del Prado, Amberes, 1640, p. 407 (n.º 231).

46. Ed. cit., pp. 407-409.

47. Lozano, *Reyes Nuevos*, p. 22 (libro I, capítulo IV).

48. Transcrito primero por Amador de los Ríos, *Toledo pintoresca...*, pp. 303-305.

49. *Obras...*, XXVIII (B.A.E., continuación, CCXXXIII) pp. 43-64. El texto a las pp. 365-423.

50. Amador de los Ríos, *op. cit.*, pp. 298-306.

51. Buena reproducción en Alice y Marc Flament, *Toledo*, fig. 263.

52. *Obras...*, XXX (B.A.E., continuación, CCXLVI) p. 207, b.

X. Artes y oficios

1. *Los espaderos toledanos*

Llamar a la magia «Arte toledana» o «Scientia toletana» ha podido ser una amplificación. Pero no lo es afirmar que los toledanos han sido desde época remota muy buenos artífices y oficiales, en distintas técnicas, y que, por ello, Toledo también alcanzó reputación muy grande y sostenida. Por otra parte, algunas de las técnicas que han dado mayor fama a Toledo han sido consideradas por muchos pueblos, con civilizaciones distintas, como propias de personas y grupos expertos en la magia y con conocimientos secretos. Esto ocurría, en otro tiempo, con los ferrones en el País Vasco. Más famosas son las leyendas y tradiciones en torno a los Nibelungos, fabricantes de espadas. De los espaderos toledanos se dijo, por de pronto, como vamos a ver, que poseían «secretos» que eran los que daban a las armas que hacían aquella excelencia que era conocida por todos, y de la que hoy queda un curioso y peculiar reflejo. En efecto, el turista que recorre hoy día la ciudad, aparte de verse sorprendido por la cantidad de comercios montados pensando en él, advierte que hay una idea que domina a casi todos: la de que se lleve un «recuerdo» de la visita que le haga pensar en actividades que han sido específicas de la ciudad misma, algunas de las cuales también hoy tienen un curioso carácter de «pervivencia». En los comercios no sólo hay en venta espadas, espadines de varias clases y estilos, dagas y puñales, sino también cascos, yelmos, armaduras enteras como las que aún podía llevar a un torneo un caballero en tiempos de Carlos V. Claro es que todo esto es recuerdo caballeresco que hoy tiene significado meramente suntuario y decorativo, mientras que hace cuatrocientos años una buena espada era algo más peligroso. Acerca de esta industria toledana se ha escrito bastante. El 30 de septiembre de 1772, el escribano don Francisco de Santiago Palomares, padre del que fue famoso calígrafo y dibujante Francisco Javier (1728-1796), terminaba de redactar una memoria acerca de la historia de la fábrica de espadas de Toledo, que se conserva manuscrita en la Real Academia de la Historia y que contiene bastante información, así como una copiosa nómina de espaderos que trabajaron en la ciudad.[1] Según este autor y otros que le siguen, los antecedentes de la industria de las armas se pueden encontrar en tiempo remoto, porque un poeta romano que escribió sobre caza ya hace alusión a ciertos cuchillos, de origen o factura toledanos.[2] Esto en la época de Augusto. Pero de entonces al siglo XVI hay que pegar un gran salto. Palomares no cree que los armeros toledanos poseyeran *secretos reservados* y de misterioso origen, sino que las aguas y arenas del Tajo contribuían a dar especial temple a un acero que se llevaba allí desde Mondragón, villa conocida de la actual provincia de Guipúzcoa, de la que fue hijo un historiador famoso, toledano de adopción, que, en sus memorias curiosísimas dejó algunas noticias acerca de las relaciones entre Toledo y su tierra precisamente: Garibay. Palomares recuerda unos versos que considera axiomáticos:

Vencedora Espada
de Mondragón tu acero
y en Toledo templada.[3]

No se puede ahora entrar en detalles técnicos y discutir lo que Palomares dice del temple. Sí recordar que en su época se afirmaba que el acero de Mondragón ya había bajado de calidad.[4] Pero, fuera esto verdad o no, lo cierto es que la época cumbre en la fabricación de espadas corresponde al siglo XVI, cuando florecen Hortuño de Aguirre, Sahagún y otros muchos. Palomares dice que, en 1762, hizo que su hijo el calígrafo y dibujante tallara una plancha con las marcas de los maestros más afamados,[5] también imprimió una nómina con noventa y nueve referencias a nombres y marcas.[6] Hay bastantes que indican que los espaderos de origen vasco afluyeron a la ciudad. Orozco, Aguirre, Leyzalde, Zabala, Menchaca, Uriza, Ayala, Arana, Arechiga, Lezama, Lagaretea son apellidos que lo atestiguan, y de algunos se indica que también trabajaron en Bilbao. El oficio tuvo su grado honorífico, logrando algunos el título de «Espadero del Rey», que grabaron en sus espadas, obteniendo privilegios y exenciones.[7] Pero a comienzos del XVIII la industria había decaído tanto que ya no había casi maestros. Para remediar la situación se preparó un interrogatorio en 1760, al que responde la memoria de Palomares,[8] y luego se planificó una «restauración». Un espadero de Valencia, septuagenario, fue nombrado director del nuevo establecimiento. Se llamaba don Luis Calisto. Carlos III visitó la nueva fábrica el 24 de abril de 1761.[9] La restauración tuvo sus dificultades. Siempre fue relativa: pero algún resultado dio. Porque posteriormente se construyó de planta, conforme a proyecto de Sabatini, la «Fábrica de Espadas» en una huerta sobre el Tajo, concluida en 1780.[10] En tiempos de Carlos III, cuando la restauración de la industria armera, hubo algunos autores ingleses que se interesaron por ella, en particular John Talbot Dillon en un libro de viajes dedicado sobre todo a la historia natural, en el que lo único que se dice de la ciudad es en relación con el acero de Mondragón y las espadas toledanas, muy apreciadas en Inglaterra en otros tiempos: objeto de regalo de Catalina de Aragón a Enrique VIII. Se refiere Dillon a las viejas marcas del «Perrillo», citada en el *Quijote*,[11] el «Morillo» y la «Loba», y da la nómina de espaderos que quedaban en Toledo y de los diferentes tipos de espadas.[12] Pero la espada toledana clásica de cazoleta y la daga murieron con los Austrias.

El refranero castellano se hace eco, claro es, de su reputación, de manera bastante expresiva. Sobre la idea de que «Membrillo, espada y mujer, de Toledo deben ser»[13] hay variaciones: «Espada, mujer y membrillo, a toda ley de Toledo»,[14] «Espada, membrillo y mujer, si han de ser buenos, de Toledo han de ser».[15] De forma moralizadora se habrá dicho que «Todas las armas que se labran en Toledo no armarán el miedo».[16] Pero fuera del ámbito castizo y popular, la espada y el espadero toledanos han tenido cantores famosos, y algunas espadas, particularmente, han sido objeto de estudios y alusiones literarias. Se sabe, por ejemplo, que un espadero toledano llamado Julián del Rey, apodado «el Moro», trabajaba para Boabdil, poco antes de la rendición de Granada, y que en sus espadas ponía la marca referida llamada del «Perrillo».[17] A éste, como a «le prince de la forge», hace alusión José María de Heredia, en su soneto «L'epée»,[18] que también parece forjado.

2. *Orfebres, plateros, rejeros, tejedores*

La referencia al soneto del poeta parnasiano da pie para recordar que también Toledo fue sede de grandes plateros y orfebres, como el que habla en otro de los sonetos de la serie que dedicó a temas medievales y renacentistas el mismo Heredia:

> *Mieux qu'aucun maître inscrit*
> *[au livre de maîtrise,*
> *Qu'il ait nom Ruyz, Arphé, Xime-*
> *[niz, Becerril,*
> *J'ai serti le rubis, la perle et le*
> *[beryl,*
> *Tordu l'anse d'un vase et martelé sa frise.*[19]

El viejo orfebre del soneto quiere morir cincelando, como murió fray Juan de Segovia. Dejando a un lado las riquezas sin fin con que cuentan los templos toledanos en este orden, empezando por la célebre custodia de la catedral, hay que recordar que las nóminas de maestros españoles o que trabajaron en España el oro y la plata los vinculan en proporción sensible a Toledo, desde el siglo XIII, con un maestre Jorge, que trabajaba por los años de 1279, hasta Manuel Ximenez, que lo hacía por los de 1800. Sin duda la lista más nutrida es la del XVI, cuando surgen los más ilustres también.[20] Como en otros aspectos, también en éste, la ciudad alberga a gente de muy diverso origen que aporta técnicas y concepciones muy distintas y que allí se acrisolan. Resulta así que todavía en Toledo se hacen también objeto de comercio bastante popular las labores que se llamaban de «ataugía» o «atauxía», que son ahora más conocidas como «damasquinados». Covarrubias indicaba que la voz primera era árabe y que designaba a una «labor morisca embutida de oro y plata uno en otro, o en hierro» u otro metal.[21] La vinculación con Damasco, aunque convencional, no deja de ser significativa. Porque así como hay damasquinado toledano, hay también «damascos» de Toledo, conocidos incluso por los aranceles.[22]

En general, las manufacturas de seda florecieron de suerte que se fabricaban hasta diez y ocho clases de tejidos y se dice que por los años de 1480 los talleres toledanos consumieron alrededor de 450.000 libras de seda.[23] Los toledanos se aprovisionaban de seda en Murcia, como lo refleja el pasaje del *Quijote* (primera parte, capítulo IV) en que el hidalgo se encuentra a seis mercaderes de Toledo que iban a Murcia a comprar seda, a caballo, con quitasoles, acompañados de cuatro criados, también de a caballo, y de tres mozos de mulas a pie, para la carga sin duda. También el licenciado Cascales, historiador de Murcia, decía por los años de 1621 que «Murcia da y reparte seda a los más cudiciosos y más opulentos mercaderes de *Toledo*, Córdova, Sevilla y Pastrana y de otros lugares que tratan desta materia...»[24]

Después la industria debió empezar a decaer, aunque a ritmo lento. En 1651, había dentro y en los alrededores unos cincuenta telares y los tejidos se hacían con arreglo a estilos tradicionales, pero en el siglo XVIII hubo intentos de modernización dirigidos por un francés, educado en Lyon, Jean Roulière (1748). Como en otros casos, el siglo XIX terminó con la industria sedera. No con la de los espaderos y damasquineros, según va dicho. A causa de éstas hay que subrayar otra conexión importante con el País Vasco.

En efecto, ya se ha visto cómo en Toledo se utilizaba acero de Mondragón. Esto hizo, sin duda también, que entre los fabricantes de armas vascos y Toledo hubiera una gran relación. Bastantes trabajaron en la ciudad. Otros recibieron influjo de ella: de aquí la conexión del damasquinado de Toledo con el de Eibar. Influencia industrial hacia el norte. Mercados hacia el sur, sobre todo en relación con otra manufactura conocida.

En el capítulo I de la segunda parte del *Quijote* hay referencia al «bonete colorado toledano», que llevaba el hidalgo en su casa, y en el capítulo XXXV de la primera parte al «bonetillo colorado y grasiento», que llevaba el ventero. Pero Covarrubias dice que de los de lana y aguja, que se hacían en Toledo, había gran cargazón para fuera de España.[25] Todo lo que fueron labores de aguja hubo de tener allí una manifestación fuerte, porque, en primer lugar, existió siempre un verdadero equipo de bordadores que trabajaron para la catedral y las iglesias, realizando obras primorosas, que en gran parte se conservan, y en las nóminas de bordadores aparecen bastantes de los que trabajaron en Toledo.[26] Cierto primor se ha

180

difundido y heredado popularmente. Pero los tiempos son otros.

En los últimos del Antiguo Régimen, hubo un hombre esforzado que quiso obtener idea exacta y minuciosa de la situación política y económica de España. Fue éste don Eugenio Larruga (1747-1803), que llegó a publicar hasta cuarenta y cinco tomos de unas *Memorias políticas y económicas de España* de 1785 a 1800. Dejó otros manuscritos y, de los publicados, los que van del quinto al décimo dan una idea detallada «del sitio, clima, población, historia y gobierno de la ciudad de Toledo. De los ríos, canales, monedas, pesos, ferias, mercados y contribuciones, comercio, fábricas e industrias y mercancías de la ciudad y provincia de Toledo». El examinar al detalle el contenido de esta obra laboriosa produce cierta perplejidad. Porque, de modo indudable, el estado industrial que refleja no es «moderno» en el sentido que podía dársele a la palabra entonces: pero tampoco es decadente y hoy, cuando tantas modernidades pasaron, puede pensarse que de aquél se podía haber conservado y mejorado mucho. Pero pasemos a otro tema.

3. *Dulces y comidas, servicios*

Los refinamientos de las sociedades antiguas eran, evidentemente, bastante distintos a los de las modernas, en que también se han industrializado los placeres. En las antiguas contaba mucho la «mano», la «manufactura» en el sentido estricto de la palabra y la adscripción a un taller y a una ciudad. Esto, en parte, sigue ocurriendo en España con ciertos dulces. Las yemas de San Leandro, en Sevilla, de Santa Teresa, en Ávila, de la Fuencisla, en Segovia, etc., acreditan la mano de las monjitas de tal o cual convento. Con los turrones se distingue por calidad y gusto los de Alicante, Jijona o Cádiz. Hay poblaciones que tienen sus dulces especiales, como Yepes, de donde eran famosos los llamados «melindres». Covarrubias dice que era «comida delicada y tenida por golosina», que consistía en un género de frutilla de sartén hecho con miel, y que de ella viene llamar «melindrosas» a las damas regaladas.[27] Toledo no ha podido dejar de tener una especialidad en este orden, que es la del «mazapán».

La palabra «mazapán» ha sido objeto de bastantes hipótesis etimológicas. El caso es que, con la acepción de dulce de almendra y azúcar, está documentada en bastantes textos del siglo XVI, aunque tanto en hablas romances de España como de Francia e Italia se conocen la misma u otras parecidas, mucho antes, con la acepción de caja o estuche.[28] Tanto también Covarrubias como el diccionario de autoridades, se refieren a la forma de «tortica redonda». Covarrubias indica, además, que es «regalo de gusto y pectoral».[29] Algunos textos de Lope de Vega dan a entender que era propio de fiestas como bautizos y el día de San Juan, y en una comedia llamada *Los dos bandoleros y fundación de la Santa Hermandad de Toledo* hay éste, muy pintoresco:

> Reñían los dos galanes
> sobre hazeros mil lisonjas
> como por los dos Sanjuanes
> suelen pelear las monjas
> a costa de maçapanes.[30]

El mazapán, como es sabido, ha quedado, en fin, vinculado a Toledo sobre todo. Le era familiar a Cervantes, que se refiere a su blanda consistencia.[31]

En otro orden, se puede recordar que en Toledo se producían algunas hortalizas con mucha fama, como lo refleja el refrán «Ajos de Quero y berenjenas de Toledo».[32] Las más famosas, según se lee en *La paloma de Toledo*, arreglo de comedia de Lope, eran las llamadas «zocatas».[33] La berenjena, en la Mancha, se consideraba comida típicamente morisca, según expresa Sancho Panza en el capítulo II de la segunda parte del *Quijote*,[34] al final. Poco después, en el III, se alude a dictados tópicos burlescos referentes a pueblos a los que se llamaba «cazoleros, verengeneros, vallenatos» por alguna anécdota que corría acerca de ellos o por afición a algo.[35] Pero no es cuestión de disertar ampliamente sobre la cocina toledana. Sí de insistir en que con relación a ciertos oficios y servicios la ciudad tenía fama en Castilla, como lo refleja el refranero. «Cocinero y cochero, tómalos de Toledo», dice un viejo refrán.[36] La cocina es arte refinado y acaso los opulentos canónigos dieron razón a su desarrollo. Lo de los cocheros se funda en lo dificultoso que debía ser conducir en ciudad tan empinada y con calles tan laberínticas como de las que una y otra vez se habla. Tal vez, también, a causa de algunos otros contratiempos previsibles. De noche, sobre todo, un texto teatral, lopesco, alude a los más posibles:

Amores en Toledo, son muy buenos
si son de día; pero no de noche,
que hay cuestas espantosas y ladrillos,
hombres del diablo, avispas, perros, pulgas,
tejados, gallineros y alguaciles[37]

Dejemos los tópicos. Cada ciudad tiene también profesiones derivadas de su pasado y de su monumentalidad. Una profesión que así se da en Toledo es la de «cicerone». Algunos escritores extranjeros del siglo XIX, como Edmundo de Amicis y René Bazin, ya usaron de tales guías en sus visitas rápidas y lo reflejan en sus textos. La palabra «cicerone», como es sabido, es de origen italiano y ya la usan entrecomillada, como extranjerismo, autores de fines del XVIII y comienzos del XIX: Moratín hijo, por ejemplo. Pero ha de pasar todo el XIX sin que se incorpore al diccionario de la Academia Española, aunque ya se encuentra en otros hacia 1880. El «cicerone» clásico no servirá mucho a gentes eruditas y conocedoras de lo que van viendo a través de lecturas, fotos, planos y dibujos; pero no cabe duda de que ha animado a otras con su verbo, y en casos, como ocurría con frecuencia en Italia, por su gesto, daba a la visita un elemento más de atracción: teatralidad. Estos hombres humildes se relacionan bastante, sin embargo, con otros que acaso no lo fueron tanto y que han contribuido de modo decisivo a «construir» la imagen de la ciudad. Porque, en suma, casi nunca vemos las cosas directamente, con nuestros ojos limpios, sino a través de ideas recibidas y de imágenes construidas por otros. Algunas no más ni menos extravagantes que las que puede dar el «cicerone» más despreocupado.

1. *Noticia de la Fábrica de Espadas de Toledo...* Véase el título entero en la bibliografía. Ms. de la Academia, 9-5956, fols. 179 r.-191 r. Utilizó ya este manuscrito don Juan F. Riaño, en *The industrial Arts in Spain*, Londres, 1879, pp. 91-96.

2. Gratius Faliscus, «Cyneg.» v. 341. Palomares, *op. cit.*, fol. 180 r.

3. Palomares, *op. cit.*, fol. 185 vto.

4. *Ibid.* fol. 183 r.

5. *Ibid.* fol. 185 vto.

6. *Ibid.* fols. 187 r. (nónima impresa) 188 r. y 191 r. (planchas de 1762) 189 r.-190 vto. (planchas de 1762) 189 r.-190 vto. (nómina manuscrita con 109 referencias). De algunos espaderos hay recuerdo incluso en comedias de mucho después. «Ya envainan la de Ortuño» dice don Lucas del Cigarral en *Entre bobos anda el juego, Comedias escogidas de Don Francisco de Rojas Zorrilla*, B.A.E., LIV, p. 21, c (acto I).

7. *Ibid.* fol. 180 r.

8. *Ibid.* fol. 183 vto.

9. *Ibid.* fols. 183 vto.-184 r.

10. Parro, *Toledo en la mano...* pp. 595-600.

11. Segunda parte, capítulo XVII. Clemencín ilustró ampliamente la referencia. Edición de M. de Toro Gómez III, París, 1913, pp. 214-215 y la nota de la página 214.

12. *Travels through Spain, with a view to illustrate the Natural History, and physical Geography of that kingdom, in a series of letters...*, Dublín, 1781, pp. 142-148.

13. Martínez Kleiser, «Refranero ideológico...» n.º 40.535 (p. 464, a).

14. *Ibid.*, n.º 22.667 (p. 349, a).

15. *Ibid.*, n.º 22.668 (p. 249, a) Algún agricultor cambió: «Pan, vino y mujer» (n.º 48.716, p. 537, b).

16. *Ibid.*, n.§ 5.237 (p. 57, a).

17. Enrique de Leguina, *Espadas históricas*, Madrid, 1898, p. 32. J. F. Riaño, *The industrial Arts...*, p. 95 (n.º 59).

18. *Les Trophées*, París, s.a., p. 104. Edición cuarenta y dos. Se publicó primero en 1893.

19. *Ibid.*, p. 103.

20. Lista de Juan F. Riaño, *op. cit.*, pp. 41-57.

21. *Tesoro...*, ed. Martín de Riquer, p. 163, b.

22. Una pragmática de tasas de 1680 citada en el *Diccionario de la lengua castellana*, III, Madrid, 1732, p. 4. b. s.v. «Damasco».

23. Juan F. Riaño, *op. cit.*, pp. 257.

24. *Discursos históricos de Murcia...*, Murcia, 1874, p. 314 (discurso XVI, capítulo I).

25. *Tesoro...*, edición de Martín de Riquer, p. 228, b.

26. J. F. Riaño, *op. cit.*, pp. 264-265.

27. Covarrubias, *Tesoro...*, ed. Martín de Riquer, p. 798, a.

28. J. Corominas, *Diccionario crítico etimológico de la lengua castellana*, III, Madrid, 1954, pp. 309, a 310, a.

29. *Tesoro de la lengua castellana o española*, Madrid, 1979, p. 666, a. *Diccionario de la lengua castellana*, IV, Madrid, 1734, p. 521, a.

30. *Obras...*, XX (B.A.E., continuación, CCXI), p. 198, b (jornada primera). Carlos Fernández Gómez, *Vocabulario completo de Lope de Vega*, II, Madrid, 1971 pp. 1777-1778.

31. En el *Quijote*, parte segunda, capítulo III.

32. Martínez Kleiser, *op. cit.*, n.º 20.066 (p. 23 a.)

33. *Obras...*, XXIII (B.A.E., continuación, CCXIII), p. 282, a.

34. En relación con el supuesto autor arábigo del *Quijote*.

35. «Cazoleros» los de Valladolid. «Ballenatos» o (vallenatos) los de Madrid.

36. Martínez Kleiser, *op. cit.*, n.º 14.269 (p. 157 b).

37. *La noche toledana*, acto III, en *Obras...*, nueva edición, XIII, Madrid, 1930, p. 124, b. En otro pasaje del acto II (p. 113 a.) se observa que en Toledo no había fuentes conocidas.

XI. Algunas sombras y siluetas

1. *El falsario por amor*

Paseando por las calles de Toledo o visitando sus monumentos, tanto los toledanos como los que llegan de fuera, tienen que evocar constantemente nombres ilustres, como ya se advierte en los distintos capítulos de este libro. Surgen los de los primeros mártires en Santa Leocadia. Los de los prelados antiguos, con San Ildefonso. Los de los reyes moros en los alcázares. Las mazmorras recuerdan a santa Casilda. Las murallas, puertas y otros emplazamientos a Wamba y a Alfonso VI. Pasan los tiempos y la lista de sombras ilustres se multiplican: san Fernando, el arzobispo Jiménez de Rada, los traductores de la escuela famosa, los guerreros, como Garcilaso, y los poetas, como el Garcilaso más joven. Por aquí ha pasado Cervantes, allí han vivido Lope, Tirso, Moreto. Los príncipes de la Iglesia se dan en serie. Los artistas y artífices también. A algunos, como el Greco, hay que dedicarles capítulo especial. La evocación se extiende a personajes teatrales, como «la judía», o trágicos, como Samuel Leví. La galería es grande. ¿Pero está completa? Yo pienso que siempre faltan en ella algunas sombras. Para empezar, una, dramática, por razones muy complejas, y de la que apenas se habla ya, y menos como sombra ilustre. Sin embargo, corresponde a alguien que se nos puede aparecer en todas partes y de continuo en la ciudad, porque de todo lo que se refiere a ella sabía mucho, dijo mucho y todavía inventó más. Me refiero al padre Jerónimo Román de la Higuera, un jesuita contemporáneo del Greco, al que se han hecho ya varias referencias.[1] Para mí, repito, es de las personalida-

187

des más enigmáticas entre las nacidas en la ciudad y me hubiera gustado saber algo de su figura, porque de su genio conozco bastante. Creo que como personaje del Greco mismo hubiera sido estupendo. Llegó a un grado de idealización increíble en ciertos aspectos: no como místico, ni como asceta, ni como poeta, sino como falsificador. Ahora bien, este padre Jerónimo, jesuita, fue un falsario por amor.

Durante su larga vida, que transcurre entre 1551 y 1624,[2] se consagró de lleno a la historia, tanto la civil como la religiosa, y adquirió bastante erudición, sin duda ya muy pronto. Leyó muchos libros impresos, consultó archivos, copió o revisó textos manuscritos y tenía un entusiasmo enorme por la historia de España en general y en particular por la de Toledo. Este entusiasmo le hizo «descarriarse». Las tradiciones piadosas le encantaban, las leyendas también, las opiniones y conjeturas de los eruditos más o menos dignos de crédito las aceptaba como realidades, siempre que apoyaran la majestad y gloria de la patria. Al fin, se convirtió en un visionario y, para fundamentar la verdad y certidumbre de todo aquel caudal de información insegura, forjó no uno sino varios textos de autores escalonados en el tiempo, que resolvían todo definitivamente y en sentido positivo siempre.

No puedo creer que fuera hombre de mala fe. Lo que quería demostrar era excelente, dentro de los ideales de su tiempo: pero no era cierto. He aquí la tragedia de su vida. Llevaba a cabo verdaderas «transfiguraciones» y por eso digo que me gustaría que algún personaje del Greco estuviera pintado pensando en él. Por eso también merece aparecer en una galería de toledanos ilustres y trágicos.

Fue trágico a su modo y con un rasgo común con otros paisanos suyos, como la amante de Alfonso

VIII, a la que Lope llamó Raquel, y don Samuel a Leví, tesorero de don Pedro I; porque hay más que indicios para suponer que el padre Román de la Higuera, hombre de piedad cristiana absoluta, tenía ascendencia judía, aunque quiso también demostrar que sus apellidos, y el primero en particular, eran de los mozárabes más distinguidos. Sus falsificaciones empiezan por la genealogía familiar y en escala ascendente llegan a cartas que dice caídas del cielo.

Hacia 1595, el padre Román de la Higuera, que era profesor en Alcalá, estaba escribiendo una inmensa historia de la iglesia de Toledo. Parece que al comenzar no encontraba documentalmente atestiguado lo que buscaba y así empezó a forjar algunos textos justificativos, fundamentales. Tenía una letra engarabitada: mandaba hacer copias más legibles de sus manuscritos y las enviaba a hombres reconocidos por su erudición... y esperaba. Las respuestas eran de muy distinto carácter. Algunas, como la de don Juan Bautista Pérez, francamente negativas, en el caso del «cronicón de Dextro». Otras eran entusiastas. Algunos eruditos daban la callada por respuesta. El caso es que los cronicones urdidos por el padre Jerónimo fijaban de modo impresionante la historia de España, con Toledo en cabeza, desde los tiempos más remotos hasta bien avanzada la Edad Media. Son los suyos «los falsos cronicones», casi por antonomasia. Desde la época en que Annio de Viterbo, el dominico italiano contemporáneo del papa Borgia, había publicado los suyos no se dio mayor cúmulo de invenciones. Así se suceden los textos de Dextro, Máximo, Luitprando, el toledano Julián Pérez. Desde la fundación hebraica de Toledo hasta la repulsa de los judíos toledanos a la condena de Cristo, desde la estancia de Santiago en la ciudad hasta los detalles minuciosos acerca de la conquista musulmana, las noticias lo precisan todo: primacía, obispos más antiguos, enseñanza de la magia. Nada queda sin documentar y fechar. La tradición, la incertidumbre, la conjetura se convierten en certeza textual absoluta.

El padre Jerónimo tuvo editores y comentaristas eruditos para su Dextro, su Luitprando, su Julián Pérez. Rodrigo Caro entre los del primero. Debió morir satisfecho: acaso con la convicción de que sus invenciones eran verdad. No puede imaginarse destino más raro. Otros historiadores toledanos entusiastas y fantásticos, como el conde de Mora, fueron sus ardientes defensores frente al escepticismo de eruditos menos vinculados a la ciudad. Pero luego vinieron los críticos inexorables: don Nicolás Antonio y el marqués de Mondéjar en la segunda mitad del XVII, los hombres fríos del XVIII, siguiéndoles. El padre Jerónimo Román de la Higuera fue lanzado por ellos a los infiernos de la erudición, donde sigue, aunque ya un poco olvidado, sin fuego fuerte. Creo que es hora de sacarle de él y de ponerle al lado de los muchos que han pecado por amor y que se redimen por ello.

A la pluma del padre Román de la Higuera han de atribuirse también unos epigramas que van al final del seudo-Juliano, atribuidos allí a san Ildefonso. Menéndez Pelayo afirma que el jesuita era «poeta nada infeliz» y que las composiciones tienen una limpieza clásica que las denuncia como cosa del XVI.[3]

Maurice Barrés, galopando un poco sobre el tiempo, imagina que el Greco, en el cigarral de Buena Vista, se encontró a Tirso, a Lope, al padre Rivadeneira, a Paravicino, a Covarrubias, a Alonso de Ercilla, a Cervantes y a Góngora... pero también a Baltasar Gracián, cosa imposible, claro es. Podría imaginarse mejor que fue a este otro miembro de la Compañía al que alguna vez escuchó más o menos benévolo.

2. *Otros entusiastas en la ciudad*

Hay otros personajes que demostraron gran amor por Toledo con un carácter menos peregrino y de los que tampoco se hace demasiada referencia. Algo más viejo que Román de la Higuera fue don Esteban de Garibay y Zamalloa, historiador también, nacido en Mondragón en 1533 y muerto en Madrid en 1599. Garibay fue toledano de adopción y vivió en la ciudad durante muchos años, ocupándose de su historia. También en restaurar algunos cultos. Era hombre piadosísimo y de muy buena fe. Harto crédulo, por lo demás, y en relación con Toledo aceptó en su *Compendio historial,* obra de época juvenil, toda clase de tradiciones; pero nunca llegó a la falsificación como Román de la Higuera que, con frecuencia, forjó textos para sentar «definitivamente» la verdad de lo que Garibay había escrito.[4] Éste, en unas memorias bastante curiosas y reveladoras de su carácter, trata mucho de sus actividades en Toledo. Una de las empresas que le ocuparon más fue la de traer las reliquias de santa Leocadia que estaban fuera.[5] También pensó en levantar algún monumento en honra y conmemoración del primer inquisidor Torquemada. Con esto ya se ve qué clase de fe tenía. No obstante, Garibay, que vivió casado en Toledo, de 1571 a 1585, y que allí trató a todas las notabilidades de la época, fue uno de los que más contribuyeron a sentar los orígenes hebreos de la ciudad y a dar como ciertas las tradiciones acerca de la «judía», los médicos toledanos envenenadores y otras muchas, dejando en su enorme colección de manuscritos observaciones curiosas acerca de los conversos, a los que llama «ciudadanos» y sobre otros muchos puntos: estatutos de limpieza, linajes, etc.[6] Garibay fue hombre que quedó prendado de la ciudad y que se propuso también estudiar su historia eclesiástica. No le debe mucho su memoria al padre Ma-

191

riana, al que conoció y del que habla con respeto. Después su nombre quedó casi como sinónimo de vizcaíno:

«Tu lector Garibay, si eres Banburrio
apláudelos que son cultidiablescos»,

escribe Lope.[7]

Con lo que dejó escrito en obras no impresas acerca de Toledo se podría realizar una compilación curiosa, para el estudio de los tópicos acerca de la ciudad.[8] También en punto de aclarar ciertos temas de los que desarrollan y vulgarizan después los historiadores toledanos, pasados por el filtro engañoso de Román de la Higuera y otros que, aunque no fueron nativos de la ciudad, estuvieron siempre muy vinculados a ella. Uno, muy famoso en su época, oscurecido después, fue el madrileño don Tomás Tamayo de Vargas (1588-1641).[9] Recibió éste una sólida educación humanística, siendo discípulo al parecer del célebre padre Martín del Río. Vivió tiempo fuera de España y escribió muchos tratados de genealogía sobre casas ilustres. Le interesó la literatura clásica y puede decirse que uno de los ensayos primeros de catalogación de traductores al español de textos griegos y latinos es la carta que se publicó al frente de la traducción de la *Historia Natural* de Plinio, de Jerónimo de Huerta, médico real, natural de Escalona.[10] Tamayo de Vargas escribió biografías, se ocupó de cosas americanas, de bibliografía, de estenografía, de la historia como enseñanza provechosa para príncipes y gobernantes, defendió a Mariana de ciertos ataques, amplió al doctor Pisa... pero creyó firmemente en la autenticidad de los falsos cronicones forjados por Román de la Higuera (no en el de Annio de Viterbo). Editó a Dextro, Máximo y Luitprando y comentó a Julián Pérez. Hizo autoridad, los autores inmediatamente posteriores lo utilizan.

3. *Un divulgador de leyendas*

La fuerza de los tópicos es inmensa. En 1664, se publicó en Toledo un folleto de cuarenta páginas que contenía la oración latina pronunciada en los estudios de la ciudad por don Fernando de Herrera Vaca y que consistía en desarrollar la comparación consabida de la misma ciudad con Roma: «Urbs et Roma hispánica...»[11] Ejercicios como éste se repitieron. Pero historiadores más conocidos se dedicaron a utilizar los cronicones y, en general, a desarrollar todo el ciclo legendario toledano. Después del conde de Mora se distingue don Cristóbal Lozano. Fue éste natural de Hellín, estudiante en Alcalá; sacerdote luego, párroco de Lagartera, ejerció otros cargos eclesiásticos, y sólo muy al final de su vida (1609-1667) fue capellán de los Reyes Nuevos, en 1663. Los años que vivió en Toledo resultaron decisivos, no sólo para el desarrollo de su vida literaria, sino también para la de otros, porque el doctor Lozano compuso allí su obra más famosa: los *Reyes Nuevos*, aparecida al tiempo de su muerte.

Se han llevado a cabo en este texto muchas alusiones a la obra de Lozano, que ha sido popular hasta el siglo pasado. Tenía especial atracción por leyendas que sedujeron después a los románticos, de suerte que Espronceda, García Gutiérrez y Zorrilla tomaron de él algunas famosas. Evidentemente, su libro es uno de los que contribuyeron más a dar a conocer cosas de la ciudad, sacadas de Garibay y sobre todo de Román de la Higuera.

4. *Los poetas*

Después, no ha habido este tipo de personajes enigmáticos, al servicio del mito, olvidados ya casi. En cambio, en la ciudad aún se señalan los lugares donde vivieron o estuvieron las casas de otros personajes que le han dado lustre, empezando por el lugar que se sabe que ocupó la casa de Garcilaso de la Vega. La vida de éste (1501?-1536) es la de un personaje perfecto del Renacimiento, como son también sus poesías una expresión perfecta de aquella época. Es toledano por linaje, por lenguaje: pero universal, clasicista, italianizante. Vive mucho fuera, aunque su sólida educación clásica la recibió en la ciudad misma y puede decirse que, dentro de lo tópico, podría representar todas las virtudes de arrogancia física, discreción, dominio del lenguaje y nobleza que se asignan a los toledanos. El paisaje de su tierra natal alguna vez le sirve como fondo para una composición clásica, como en la égloga III:

Cerca del Tajo en soledad amena,
de verdes sauces hay una espesura,
toda de hiedras revestida y llena,
que por el tronco va hasta la altura,
y así la teje arriba y encadena,
que el sol no halla paso a la verdura.[12]

La idea de que en el Tajo hay ninfas es un lugar común poético desde entonces. No hace falta que Román de la Higuera forje un texto antiguo en el que se pruebe que, efectivamente, las hubo. No cabe duda que Garcilaso da a Toledo mayor prestigio que el resto de los poetas nacidos allí, que quedan muy lejos de él.

Militar, poeta y toledano (de la villa de Cuerva) fue tiempo después Eugenio Gerardo Lobo (1679-1750), muy celebrado en su época, pero luego no tanto. Descolló en el género festivo, y alguna de sus composiciones dan una nota costumbrista y burlesca a la par en relación con la ciudad. Hay, por ejemplo, unas décimas acerca de los apuros que pasó cierto alguacil cojo, don Pedro Tacones, con uno de los novillos que en cierta ocasión se corrieron, enmaromados, en la plaza de Zocodover.[13] Lobo era italianizante, pero al modo de su época, y más que otros temas le preocupó el asunto de los «chichisbeos». De todas maneras puede decirse que, en relación con la fama histórica de la ciudad y sus leyendas, Román de la Higuera es una sombra más significativa que Garcilaso y que otros hijos ilustres, famosos aún hoy.

5. Sombras

Siluetas perfiladas y claras unas. Otras envueltas en la sombra. Siempre pasa igual con todo lo toledano o relativo a la ciudad. Capital de la España cristiana, comparada a Roma, resulta también que este esplendor religioso tiene su sombra, su contraste. En el capítulo VI se ha tratado algo respecto a los judíos y sus descendientes. Podría decirse mucho más: pero ahora hay que limitarse y dar tres o cuatro notas más con respecto a contrastes o contraluces en relación con ciertas grandes figuras toledanas o de origen toledano, señaladas por su significado dentro del catolicismo español en particular y el catolicismo en términos generales.

Siguiendo las pistas dadas por otros autores, un concienzudo erudito toledano, don José Gómez-Menor Fuentes, ha estudiado de modo minucioso la ascendencia judía de santa Teresa de Jesús y, hasta donde es posible, la de san Juan de la Cruz. Los Cepeda, en Toledo, fueron ricos mercaderes. Los conversos de la ciudad dieron mucho médico, muchos hombres de leyes y clérigos. Pero también puede decirse que acapararon el comercio de joyas, lienzos, paños y libros, y que además financiaban y controlaban la producción:[14] los dos santos pertenecían a familias de mercaderes. Juan Álvarez de Toledo, as-

195

cendiente de la santa, pertenecía a la cofradía de Santa María la Blanca constituida por los descendientes de los que se convirtieron en masa en el tiempo de las predicaciones de san Vicente Ferrer.[15] Tuvieron descendencia de gente interesante. Pero acaso lo más interesante de ella es que cubre toda una gama de situaciones contradictorias en apariencia: reconciliados, mercaderes, canónigos, hidalgos y santos cristianos. Los que defienden tesis muy absolutas respecto a la naturaleza del catolicismo español hallan en estos hechos un mentís absoluto. Pero resulta también de estas investigaciones, y de otras posteriores del mismo autor, que los esquemas se rompen en más casos, referentes a Toledo. Mientras la Inquisición funcionaba bajo el principio de que entre los conversos había muchos falsos convertidos, a los que se califica y clasifica como «judaizantes» (término más equívoco de lo que parece a primera vista), la realidad es que los «conversos», sobre los que pesó generación tras generación el dictado, fundaban conventos, construían capillas, protegían hospitales, como el del Rey y el del Nuncio, y entre las personas más destacadas de la vida intelectual de la ciudad (algún apologista de la Inquisición) nos encontramos con conversos, ni más ni menos. Gómez Menor afirma que lo eran el doctor Francisco de Pisa y Luis Hurtado de Toledo, dejando aparte los casos conocidos de Diego de San Pedro, Fernando de Rojas, Rodrigo de Cota, Melchor de Santa Cruz, entre los literatos, y el mismo Jerónimo Román de la Higuera. Ascendencia judía en parte tenían el gran inquisidor Niño de Guevara, retratado por el Greco, y el conde-duque de Olivares.[16] Pero creo que es, precisamente, cuando los hechos se presentan intrincados y contradictorios, cuando hay estadistas y autoridades civiles y religiosas en general que quieren aplicar principios rígidos con resultados fatales. La cantidad de zozobras, angustias, desdichas

196

familiares e individuales que han podido producir las ideas de «limpieza», «pureza de sangre» y otras ligadas con ellas, respecto al significado de una presunta herencia biológica en las ideas y en la moral, no se puede calcular. En el mundo actual vuelven a «florecer» en ámbitos populistas o populacheros.

1. De él me ocupo en *Las falsificaciones de la Historia de España*, de próxima aparición.

2. Los datos principales están ya en Nicolás Antonio, *Bibliotheca Hispana Nova*, I, Madrid, 1783, pp. 601 a-602, b.

3. Introducción a *El capellán de la Virgen*, de Lope de Vega, *Obras...*, IX (B.A.E., continuación, CLXXVII), p. XCVIII.

4. Sobre Garibay, Julio Caro Baroja, *Los vascos y la Historia a través de Garibay*, segunda edición, San Sebastián, 1972.

5. *Memorias* de Garibay, en *Memorial histórico español*, VII, Madrid, 1854.

6. Julio Caro Baroja, *Garibay...*, pp. 299-323.

7. *La Dorotea*, edición facsimilar de la de 1632, Madrid, 1951, fol. 184 vto. (acto IV escena II). Explicación al fol. 207 vto. (acto IV, escena III).

8. Julio Caro Baroja, *Garibay...*, pp. 310-317.

9. La mayor información sobre éste la dio Nicolás Antonio, *Bibliotheca Hispana Nova*, II, Madrid, 1788, pp. 314, a - 316, a.

10. *Historia Natural de Cayo Plinio Segundo...*, II, Madrid, 1629, tras la tasa, sin paginar. Se reproduce en *Epistolario español*, II, (B.A.E., LXII), pp. 65, b-68, a.

11. Véase cap. I, 1.

12. *Poetas líricos de los siglos XVI y XVII*, I (B.A.E., XXXII), p. 21, a.

13. *Obras poéticas...*, I, Madrid, 1769, pp. 176-177.

14. José Gómez Menor Fuentes, *El linaje familiar de santa Teresa y de san Juan de la Cruz*, Toledo, 1970, pp. 22-23.

15. Gómez Menor, *op. cit.*, p. 25.

16. *Ibid*, p. 21.

XII. El Greco y su interpretación del paisaje de Toledo

1. *El Greco hispanizado y el Greco lector*

Al tratar de sombras de grandes que pueblan Toledo es claro que no hay más remedio que ocuparse del Greco. Más aún si hay que referirse a visiones o interpretaciones de la ciudad.

El Greco y Toledo se ajustan y complementan. En cambio, resulta un tanto extraño que, en el siglo XVII, corriera la especie de que el Bosco era toledano; sin embargo, lo da por cierto Jusepe Martínez, después de tratar del Greco y aludiendo a los artistas de la ciudad.[1] Después, esta idea se desecha, pero la abundancia de obras de él que había en España hizo sospechar a algunos que estuvo aquí y alguno hasta afirmó que había adoptado su extraordinario modo de pintar en El Escorial.[2] Lo cierto es que si hay en el mundo algo antagónico respecto a aquel monasterio y a Toledo es el pintor flamenco. La asociación del Greco con la ciudad, lugar común hoy, es algo que se realiza con bastante lentitud y tardíamente. La que se llama «evolución» crítica en torno al mismo Greco se cuenta y recuenta. Por razón comprensible, al que esto escribe le choca que siempre se omitan algunos nombres, como el de Pío Baroja y no se mencione su novela *Camino de perfección*, publicada en 1902, en la que el protagonista, aficionado a la pintura y entusiasta «sobre todo» del Greco, vagabundea indeciso y en Toledo ve los cuadros de su pintor preferido, resquebrajados, sin la aureola de después. Fernando Ossorio cuando estaba turbado se ponía ante *El entierro del conde de Orgaz*[3] e interrogaba a todas las figuras. Esta posición es la de Pío Baroja a los treinta años, la de su herma-

199

no Ricardo y la de los artistas que se reunían en el café de Levante y que queda también reflejada en la voz de uno que dice, en *Adiós a la bohemia:*[4] «El Greco, Velázquez, Goya... ésos son pintores». Más tarde, en 1909, estos artistas fueron andando de Madrid a Toledo, para rendir homenaje al Greco.[5] El destino, siempre peculiar del cretense ha hecho que a la larga se le asocie más con ciertas figuras de aparato y que hasta los «nuevos ricos» tengan más cabida en la historia de su valoración que los escritores y pintores de lo que se llama «el 98». Pero dejemos esto. También la referencia a viejos lugares comunes (su supuesta *locura*) y las explicaciones seudocientíficas de su arte: su supuesto defecto de vista. Hay mucho que discutir dentro de lo aceptado por críticos solventes.

Con respecto a otros tópicos habría que matizar. Se dice y repite, por ejemplo, que el Greco se «hispanizó» completamente, de una forma en que no lo hicieron nunca otros extranjeros que vivieron en España o que sirvieron a sus reyes (como Colón mismo). Habría que concretar e indicar que se «hispanizó» considerando a Toledo como la expresión genuina de España: porque no se imagina uno al pintor viviendo en otras ciudades españolas muy genuinas. El Greco fue un español de Toledo. Puede ser que le retuviera en ella ese elemento oriental del que se habla tanto y del que carecen otras ciudades de Castilla. Nada se diga del norte. Pero lo del orientalismo también hay que ajustarlo. El del Greco no es el Oriente luminoso, pagano: clásico. Es el místico, medieval bizantino, si se quiere. No triste, porque contra lo que asimismo se dice, el Greco no es un pintor triste. Es un pintor espiritual, que es cosa muy distinta. La carnalidad veneciana desaparece en él. Todo se elegantiza. De ahí su horror a las figuras chatas y enanas, y la importancia que da, siempre, en los rostros, a la mirada: lo mismo en las imágenes de seres reales que en las de santos. Una vía que considero errada (tanto casi como la de suponer que estaba loco él mismo), aunque la abrió Cossío y la siguió Marañón, es la de pretender sacar luz de la comparación de los rostros y expresiones de los apóstoles del maestro con los de los locos del manicomio de Toledo.[6] Las mismas fotografías cantan. Las caras y actitudes de los locos son reflejo de su vacío mental: risa estúpida, tristeza producida por la misma debilidad, a veces expresión grosera. Las de los apóstoles son a veces algo atormentadas, pero con una luz interior constante. Hay, evidentemente, en las figuras del Greco un recuerdo de algunas bizantinas; pero de todas formas éstas, tanto en pintura como en mosaico, son menos expresivas. Mosaicos, como los del monasterio de Nea Moni, de Chíos, fundado en el siglo XI, presentan imágenes con ojos muy animados: pero la mirada es más fija y estática. A veces hasta amenazadora. En el Greco no hay nunca amenaza. Siempre será mejor comparar las varoniles de santos con las de los hombres más espirituales que pudo haber en la ciudad. Porque el Greco encontró en ellos sus modelos mejores. Lo acredita *El entierro del conde de Orgaz*, pintado en 1586. Se considera que uno de los personajes es él mismo con aire juvenil todavía y en su apostolado, y en otros cuadros volvió a inspirarse en su propio rostro, hasta que llegó a pintar el extraordinario retrato de su vejez, pues ya es un septuagenario o poco menos el retratado del Metropolitan Museum, en cuyo rostro hay un punto de tristeza y otro de ironía. El Greco tuvo fama de decir cosas irónicas (como lo refleja Pacheco)[7] y de poseer una cabeza fuerte y llena de conocimientos. Pero siempre ha parecido también que hay algo oculto en su personalidad, lo cual ha conducido a hipótesis extravagantes en que se abusa de lo «críptico».

En cambio, de lo que es claro no se saca gran provecho, con frecuencia. Es legítima la pretensión de buscar conexiones fuertes entre la obra de los grandes artistas y sus lecturas y gustos literarios: pero a veces los datos no apoyan lo que se quiere encontrar. Hace mucho que don Francisco de Borja de San Román publicó el inventario de los bienes del Greco, hecho por su hijo en 1614.[8] En éste hay una parte importante dedicada a los libros. Resulta que los griegos están bastante bien especificados, por autores e incluso por títulos. También una parte de los italianos; aunque, de repente, en bloque, se hace referencia a «otros cincuenta libros italianos» y a «otros diez y siete libros de romance», más diez y nueve sobre arquitectura.[9] Fijémonos ahora en lo griego. El Greco tenía, por de pronto, un lexicón: de lo clásico está Homero. Eurípides de los tres trágicos. De los historiadores, Jenofonte, Arriano y la *Guerra de los judíos* de Flavio Josefo. Todo Hipócrates; la *Física* y la *Política* de Aristóteles. Dos oradores: Demóstenes e Isócrates. Hay bastante de Plutarco (*Vidas* y *Filosofía Moral*). Las obras de Luciano de Samosata en dos tomos, las fábulas de Esopo y Artemidoro: es decir, el libro sobre la interpretación de los sueños. Acaso conviniera llevar a cabo un estudio acerca de lo que esta obra pudo influir en algunas de las concepciones del Greco, que parecen «oníricas»: pero también hay que reconocer que se nos escapa el influjo de las otras obras sobre su lector y poseedor, como artista. El Greco tenía la Biblia en griego, en cinco volúmenes; aquí también hay que hacer una distinción: porque del Antiguo Testamento no sacó el pintor, como otros de su época y anteriores lo sacaron, muchos motivos de inspiración. En cambio, una parte considerable de su obra se refiere al Nuevo Testamento, con la figura de Cristo en cabeza: y no todo lo que pintó lo hizo por encargo. El inventario indica también predilección por las imágenes de los apóstoles. Pero sigamos con la biblioteca. De padres de la Iglesia griegos están san Basilio, san Juan Crisóstomo, san Justino y alguno que, con razón, se ha asociado más a su arte, como san Dionisio Areopagita (o lo que se considera «Corpus Dionysiacum»): sobre todo, *De coelesti hierarchia*. También poseía los libros *De anima* de Filopono.

¿Qué decir de su gusto por Petrarca, Ariosto, Bernardo Tasso, del que tiene *L'Amadigi* (y nada de su hijo, al parecer)? El Greco, como lector, es un humanista del Renacimiento. Gusta también de los tratados de arquitectura, de las descripciones geográficas. Pero como pintor es fácil advertir que ni los temas clásicos ni la mitología, ni las bellezas escultóricas de los griegos le interesan. De setenta y tres años de vida pasa treinta y siete en España, unos doce en Italia y sólo la infancia, la adolescencia y la primera juventud en su tierra natal. Pero el poder del idioma nativo es fuerte y enigmático. ¿Por qué no aparece en el inventario nada de Platón? ¿Por qué la mitología no le sirve más que para evocar a Laoconte y por qué el mito del castigo de éste lo asocia con una vista de Toledo convertida en Troya? Observemos ahora que en el referido inventario, al enumerar los cuadros que dejaba, que eran bastantes, hay una referencia a «Un toledo»,[10] a «dos países de Toledo»[11] y a «un laocon pequeño», duplicado.[12] Más adelante volveremos sobre tales referencias. Para terminar con estas observaciones preliminares digamos que, así como siempre leyó en griego, siempre también debió recordar el mundo griego. No el clásico, insisto. En cambio, las visiones bizantinas de la infancia las conservó con fuerza. Pero también hay que admitir que cobraron expresión después de un período en que sus concepciones de la pintura no estaban elaboradas: después del período italiano, bastante impersonal, ya en Toledo. Se borra la Grecia clásica, se borra la Italia renacentista, heredera en parte de ella. Renace Bizancio. De la luminosidad de la isla natal y de la de Castilla tampoco hay reflejo en esta pintura de tonos fuertes y oscuros, con algún brillo casi metálico. A algunos autores del siglo pasado les chocaban precisamente los tonos pizarrosos de los cielos del Greco y también la cantidad de «materia» que contenían: ello era objeto de sus críticas. Los cielos tienen, en efecto, corporeidad. A veces casi tanta como las telas de los ropajes e incluso los fondos terrestres: pero en realidad, cielo, tierra y seres humanos forman casi siempre un conjunto, un todo. No irreal, sino concebido sobre la realidad. Dentro de las idealizaciones de ésta quedan los paisajes en que Toledo tiene un significado fundamental.

2. *Su visión de Toledo*

Ya se ha visto que en su casa había, por lo menos, tres pintados; puede que además hubiera apuntes o croquis, pues el inventario se refiere a ciento cincuenta dibujos.[13] Cabe pensar que estos «países» no tuvieron destino exterior, que los hizo por gusto y para sí, como los Laocontes, uno de los cuales está en la National Gallery de Londres y se fecha entre 1606 y 1610.[14] También es de la última época la hermosísima vista conservada en el Metropolitan Museum de Nueva York, con cielo tempestuoso.[15] ¿Por qué los «países» propiamente dichos son de la senectud? ¿Pintó antes alguno del natural, o sobre el natural? En todo caso se advierte que el más completo lo pintó a la vez que dibujaba un plano topográfico de la ciudad.[16]

Esta vista de Toledo, que se conserva en el Museo del Greco, se fecha hacia 1609; es decir que es asimismo de los últimos años de su vida. Resulta una curiosa mezcla de elementos. En el ángulo inferior a la derecha, aparece un joven mostrando un gran plano de la ciudad. Al centro, en la parte inferior, también, sobre una nube, el Hospital de afuera, o de Tavera, y a la izquierda una figura desnuda recostada, que sostiene un gran cántaro que vacía sus aguas, mientras que por encima de ella hay frutos y mieses que expresan la abundancia. ¿Se trata del Tajo? En lo alto, sobre la torre de la catedral, en el cielo oscuro, ángeles. El cuadro es apaisado. La ciudad está reproducida fielmente, mas envuelta siempre en algo irreal. El cielo y el suelo no tienen la

Esquema de la vista general de Toledo
desde el norte, del Greco

materialidad que dan las imágenes fotográficas. El ambiente es tempestuoso. El Greco era todo menos un mediterráneo, enamorado del sol. El punto de vista que adopta al pintar su ciudad, contra lo que hacen la generalidad de los dibujantes y grabadores de los siglos XVI, XVII y XVIII, es el del norte, desde la parte de las Covachuelas, destacando siempre los elementos orientales: el puente de Alcántara, la Puerta Nueva, las murallas con sus torres y el Alcázar. Son identificables al fondo las torres de la catedral, la Magdalena, Santo Tomé. La parte occidental a la derecha de la Visagra queda más lejana y diluida en el paisaje rústico y oscuro.[17] Claro es que

205

ni su casa ni su barrio tienen cabida. Pero en el cuadro hay mucha exactitud de observación. Los otros paisajes son más idealizados.

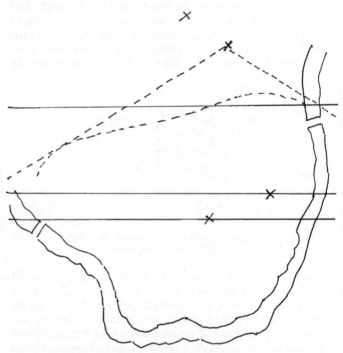

Punto de vista, adoptado por el Greco,
para pintar la ciudad desde el norte

La vista que hay en el Metropolitan Museum parece tomada desde el nordeste y a bastante distancia del puente de Alcántara y el castillo de San Servando, al otro lado del Tajo, con una presa y sotos delante. Es claro que hay estilización y trasposición: pero acaso menor de lo que se ha dicho alguna vez. El punto de vista podría interpretarse como se ex-

Esquema de la vista de Toledo del Greco,
que se conserva en el Metropolitan Museum de Nueva York

presa en el esquema. La catedral se traslada al sudeste de donde está, y el castillo de San Servando un poco más al sur. Este paisaje es, evidentemente, tempestuoso: pero también *primaveral*. Los verdes de los árboles y sobre todo de las laderas se dan en la tierra entre marzo y abril. Más tarde, las lomas se doran o se tuestan. Esta visión primaveral va también contra toda idea de orientalismo sistemático. La crueldad de las pinceladas de que habló Pacheco en relación con la obra del Greco en general tampoco es herencia de Oriente. A veces se puede asociar con algo pintado por Tintoretto y más tarde por Magnasco.

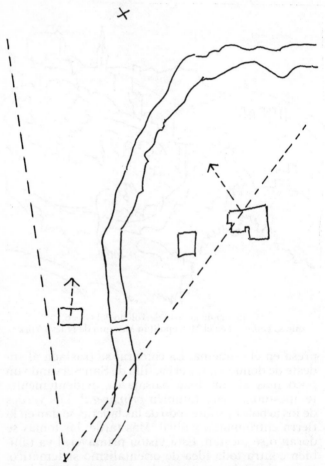

Punto de vista para pintar el cuadro
del Metropolitan Museum de Nueva York

En los fondos hay mayores trasposiciones y cambios de detalle, aunque en el del Laoconte de la National Gallery parece aprovecharse la vista primera ya analizada, sin la parte de la izquierda (es decir, la del Alcázar y el puente de Alcántara), sin mayor

Fondo del San Martín con vista de Toledo

alteración. El Greco pintó muchas veces, según un mismo canon, a san Martín a caballo, con armadura y gola, dando parte de su capa al pobre, desnudo. En algunos de los fondos de esta imagen parece verse también el puente de Alcántara y una gran rueda hidráulica o «azuda». Muy claramente en la de la colección Wineder.[18] También en la de Robert Treat Paine,[19] en la del conde A. Contini Bonacossi[20] y en la de Andrew Mellon.[21] Por último, en la del Art Institute de Chicago.[22] La «azuda», con la catedral y el Alcázar encima, también se ven en los lienzos que representan a san José con el Niño Jesús, que están en Toledo.[23] Otros, como el de algún Crucifijo, están más idealizados todavía.[24] Pero el tema lo repite, y altera, también, en alguna imagen de Santiago el Mayor, como la del barón A. Herzog, de Budapest.[25] Otros fondos resaltan la catedral con la torre y la cúpula, como el del Cristo en la cruz de la colección J.J. Emery.[26] El paisaje queda siempre muy bajo. Es otra fórmula del artista que puede decirse que era un doctrinario: por eso acaso pasaron sus obras por siglos de incomprensión.

Produce a este respecto una mezcla de tristeza y de irritación ver dónde estaban los cuadros del Greco al tiempo en que Cossío escribió su libro, aparecido en 1908, con las láminas, y dónde estaban no más de veinte años después de la divulgación de éstas. Porque si la vista con el plano estaba en el Museo Provincial y hoy está en la casa del Greco,[27] la vista de Toledo en tormenta estaba en propiedad de la condesa de Añover,[28] y el Laoconte en Sanlúcar de Barrameda, en el palacio del Infante A. de Orleans.[29] Un autógrafo del Greco explica por qué, para que se viera en su vista general la Visagra, colocó el Hospital de don Juan Tavera como movido de su lugar.[30] El poder del dinero también ha movido su obra en gran parte.

1. *Discursos practicables del nobilísimo Arte de la Pintura,* Madrid, 1866, pp. 184-185.
2. Opinión del Padre Orlandi, expuesta por Ceán Bermúdez. *Diccionario histórico de los más ilustres profesores de las Bellas Artes en España,* I, Madrid, 1800, p. 173.
3. *Camino de perfección,* ed. Madrid, 1913, pp. 6. 126-128.
4. *Nuevo tablado de Arlequín,* Madrid, 1917, p. 78.
5. Están retratados en la Puerta del Reloj de la Catedral, en *Actualidades,* año II, n.º 50 (27 de enero de 1909). Los periodistas del periódico *La Tarde* les obsequiaron con una comida.
6. *El Greco y Toledo,* pp. 228-242.
7. Es evidente que entre los textos de las tratadistas de pintura el de Pacheco es el más importante y directo, en relación con el Greco, al que visitó en su vejez. *Arte de la Pintura,* edición de F. J. Sánchez Cantón, I, Madrid, 1956, pp. 370 (sobre la mayor dificultad del colorido), 456 (paradojas, pero excelencia de algunas obras), 475 («borrones»), 487 (contra Aristóteles); II, Madrid, 1956, pp. 8-9 (modelos y proyectos: visita de 1611), 79 (Pinceladas y crueles borrones), 159 (como filósofo y hombre de dichos agudos), 344 (representación de San Francisco). Lo que dice Jusepe Martínez, *Discursos practicables del nobilísimo Arte de la Pintura,* Madrid, 1986, pp. 183-184, es más de segunda mano y sospechoso. Pero más tarde Palomino, *Museo pictórico y escala óptica,* Madrid, 1947, pp. 840-843, es mucho más directo y matizado.
8. San Román, *El Greco en Toledo, o nuevas investigaciones acerca de la vida y obras de Dominico Theotocópuli,* Madrid, 1910, pp. 189-198 (n.º 52).
9. *Ibid.,* pp. 195-197.
10. *Ibid.,* p. 193.
11. *Ibid.,* p. 194.
12. *Ibid.,* p. 195.
13. *Ibid.,* p. 195.
14. Se hace referencia al «corpus» que da el libro de M. Legendre y A. Hartmann, p. 482.

15. Legendre, Lámina XVI entre las pp. 480-481.
16. Legendre, p. 479.
17. Véase el esquema de la p. 205.
18. *Ibid.*, p. 459.
19. *Ibid.*, p. 461.
20. *Ibid.*, p. 462.
21. *Ibid.*, p. 463.
22. *Ibid.*, p. 464.
23. *Ibid.*, pp. 130-131.
24. *Ibid.*, pp. 221-222.
25. *Ibid.*, p. 319.
26. *Ibid.*, p. 222.
27. Cossío, *El Greco*, II, pp. 453-458. Láminas, n.º 138.
28. *Ibid.*, II, p. 453-455. Láminas, n.º 137.
29. *Ibid.*, I, pp. 357-364. Láminas, n.º 67.
30. *Ibid.*, II. pp. 455-456.

XIII. La visión del viajero

1. *Idea general*

Con frecuencia se publican obras en que se recogen textos de viajeros que dan su visión de España, de una parte de ella o de una sola ciudad, que se consideran muy informativos o ilustrativos y que, evidentemente, lo son en general. Pero no faltan casos en que estos textos se comentan también con cierta beatería y otros, hostiles, son impugnados innecesariamente de modo acerbo. Claro es que hay viajeros y viajeros: aun entre los más afamados se puede observar el efecto de mala información, prejuicios, lugares comunes, patriotería o cierta posición patrocinadora. Esto más en unas épocas que en otras y en los de unos países.

Porque los viajeros antiguos, que hacían gran esfuerzo para llegar a España, como peregrinos o diplomáticos, anotan escrupulosamente los peligros por los que pasan, se refieren a los sitios santificados que han visitado, o describen algo que les llama mucho la atención, escuetamente. Más tarde, cuando hay sentido generalizado de la emulación y competencia de las naciones y Estados, es cuando abundan más las comparaciones y juicios producidos en gran parte por el patrioterismo. En relación con ciudades como Toledo, el peso de los prejuicios no es tan grande como el de algunas informaciones que arrancan de épocas remotas y que se hallan en textos de autores de la ciudad o por lo menos de España. Esto ocurre, por ejemplo, cuando los viajeros se refieren a su antigua población dando una cifra «tradicional» exageradísima y comparándola con lo que a simple vista pueden observar, e infiriendo, en consecuencia, que la ciudad se halla en un estado de decadencia terrible. Pudo haberla, pero no en la forma y cantidad expresada por la comparación entre un dato falso y lo que se ve.

La nacionalidad y época influyen bastante en el tono y expresión del relato. No cabe duda de que los viajeros que están más cerca son los italianos, en el siglo XVI, y más tarde los franceses. Los ingleses siempre algo más distantes y los alemanes también: pero con diferencias sensibles de matiz. A los ingleses pueden unirse los norteamericanos, mas éstos también se diferencian en la apreciación con respecto a sus hermanos de lengua, según las épocas. En los viajeros ingleses creo notar que los del siglo XVIII son más objetivos que los del XIX y que en éste los de la época victoriana tardía son menos interesantes que los anteriores, por lo mismo que, en general, están más hinchados de vanidad y visitan un país que creen decadente, o que no se rige por las reglas del «sentido común» (su sentido común). En suma, juzgo también que el que quiera conocer bien un país o una ciudad, sacará más provecho estudiando primero a los historiadores y observadores del propio país y luego las visiones de los viajeros: más rápidas, intuitivas y pintorescas a veces. A veces también ramplonas. En el nativo se ve pronto el efecto del amor patrio y de la mayor o menor cultura. En el de fuera, otros efectos y defectos, individuales y colectivos.

2. *Visiones italianas*

Resulta imposible en un libro como éste dar idea de todo lo que han dicho de Toledo los viajeros. No sabe uno dónde empezar, dónde terminar. La selección es difícil. No cabe duda, por ejemplo, de que la visión de la ciudad que da Andrea Navagero o Navagiero, embajador veneciano, poco después de la guerra de las Comunidades y poco antes de morir, es muy lúcida.[1] Hay en su texto una imagen de la ciudad, una idea de la fuerza y riqueza del clero, de la posición de Carlos V frente a la viuda de Juan de Padilla y de otros asuntos fundamentales en la época. Toledo es corte. Pero a la par es una ciudad antigua española, con vestigios romanos, medievales, leyendas como la de Galiana, huertas con ruedas hidráulicas, un sistema de murallas y puertas, que describe, y un caserío muy concentrado, con buenas casas y palacios, pero sin vista ni expansión, y otras pequeñas, con patios, sin balcones y huecos hacia el exterior. Navagiero da una impresión sobria y justa. Otros relatos de viajeros italianos posteriores pueden servir como término de comparación provechoso para destacar ciertos hechos. Así la relación del viaje de Cosme de Médicis entre 1668-1669,[2] en la que se extiende mucho en lo relativo al rito mozárabe, las excelencias de la Iglesia, las riquezas arzobispales. Pero Toledo ya no es lo que fue. Aunque conserva la industria de la seda y de las espadas, la nobleza se ha ido a Madrid. Toledo es una ciudad de sacerdotes, frailes, ciudadanos particulares, y no se le dan más de 10.000 habitantes, con no más de veinte «carrozze». Se insiste como siempre en la estrechez y empinamiento de la construcción; salvo los grandes monumentos, el resto, para un italiano, es mediocre. De cosa de un siglo más tarde son las impresiones del padre Norberto Caimo, el «Vago italiano»,[3] hombre despectivo al que refutó Ponz en las páginas que dedicó a Toledo en su obra famosa.[4] Claro es que visiones semejantes ilustran poco. Ocupémonos de las de otros viajeros, que sienten más curiosidad y que, por lo tanto, ven más y mejor. Galopando un poco por los siglos nos encontramos con otro italiano, que, al encararse con Toledo, dice: «Quale città! Sul primo momento m'sentii mancare il respiro». Es Edmundo de Amicis.[5] En su visión juega, como en las de los españoles del siglo de oro,

215

la idea de la dificultad del tránsito por tanta angostura y cuesta, pero contiene alguna nota muy original. De Amicis ve que toda la vida está en la calle, y que parece habitada por una sola gran familia. Se oye todo. Se ve todo: la mesa preparada para la comida, la madre acunando al niño, el padre que se cambia la camisa. Los tesoros artísticos se ven después y al viajero le viene a la memoria la lectura hecha de niño de alguna leyenda medieval: la visión sombría y oscura se impone. Las descripciones particulares de la catedral se interfieren con lo que se oye a los «ciceroni», bastante incongruente. El viajero ha llegado durante la víspera del Corpus y asiste a los preparativos. Además de la catedral, visita San Juan de los Reyes y Santa María la Blanca. Después no puede ver más. Reposa, ve el Alcázar, hay recuerdo de las leyendas sobre Carlomagno y Toledo, don Rodrigo y el palacio encantado, don Julián y la Cava, en versión del guía del Alcázar mismo. De Amicis era dado a la observación de la vida cotidiana y va al paseo nocturno: pollos, jovencitas, padres de familia, matrimonios jóvenes, niños. La alegría de los paseantes contrasta con su soledad y tristeza. Pero encuentra a una persona a la que le han recomendado: el erudito don Antonio Martín Gamero, que le da una idea muy negra de la situación de Toledo. Pobreza extremada. Sin comercio, salvo el que da la espadería. Los ricos y los ingenios en Madrid, la instrucción popular atrasada y el pueblo inerte, aunque orgulloso y caballeresco, contra lo que decía Zorrilla en un poema. De Amicis apunta lo que le dice su erudito amigo y se retira con la cabeza llena de imágenes e ideas en contraste. A la mañana visita el Tránsito, compra un damasquinado y se encuentra con un loco xenófobo cerca del antiguo hospital, loco que se cree en plena guerra de la Independencia. El recuerdo le siguió durante mucho.

3. *Visiones anglosajonas*

Los libros de ingleses en que dan sus impresiones sobre España son abundantísimos, empiezan a multiplicarse durante la segunda mitad del XVIII y constituyen después una bibliografía enorme y difícilmente asequible para un particular. Creo que son especialmente curiosos los que corresponden al reinado de Carlos III, en que viajeros que ven los mismos pueblos, campos y ciudades, los juzgan con criterios distintos. Entre ellos, hay dos hombres de la Iglesia aglicana. El más antiguo es el reverendo Edward Clarke, rector de Pepperharrows, en Surrey, que escribió en Madrid unas cartas entre 1760 y 1761, que publicó en 1763,[6] De ellas, la IX contiene una descripción de Toledo,[7] a donde fue desde Aranjuez, el 12 de mayo de 1761. El viaje del lugar donde estaba la corte, parece que era más cómodo que el de la capital a Toledo. Utilizó un coche tirado por seis mulas, encuentra el camino no malo, el terreno cubierto de olivares, hasta que, en un momento, se quiebra y al viajero le parece algo creado por *«the wild imagination of the extravagant Salvator Rosa»*. Visita la catedral, que le hace reflexionar sobre la riqueza de la Iglesia, los intentos de reforma de Macanaz y los efectos de una piedad equivocada (*«mistaken»*). Encuentra ruinoso el Alcázar, la fabricación de armas decadente, después de que renovaran unos ingleses los ingenios para fabricarlas. Otro motivo de digresión, más o menos patriótica. La situación y forma de Toledo le llevan a pensar que es obra de godos y moros, porque un español nunca ha sido tan industrioso como para llevar materiales tan gruesos y pesados a lugar tan alto. Como se ve, hay cierto prejuicio en lo que el reverendo escribe. Hace referencia a la antigua sinagoga, a las investigaciones sobre sus inscripciones de Pérez Bayer (al que llama *don* Pérez Bayer), se refiere a las antigüedades romanas, sin haberlas visto, a la biblioteca de la catedral, poco asequible, y a un hospital destinado única y exclusivamente al «mal francés» («*french disease*»), lo cual le da ocasión para resaltar la maldad del clima del país, falta de limpieza e ignorancia de «físicos» y cirujanos. Dos notas más (hospicio para niños y cadenas de excautivos de los turcos en algún convento como acción de gracias tras la libertad) son lo que da esta carta, que no es de las mejores del conjunto.

Mucha mayor capacidad y esfuerzo de compresión reflejó tener el rector de Pewsey, Joseph Townsend, en una obra que se titula *A journey through Spain in the years 1786 and 1787,* que ocupa tres volúmenes.[8] Al autor le interesaba prácticamente todo, aunque como hombre de su época se inclina a los conocimientos prácticos, como agricultura, manufacturas, comercio, demografía, tributos, ingresos (según se ve en el título mismo de la obra, en su parte segunda aclaratoria). Su visión de Toledo es completa.[9] Señala su posición singular al entrar. Se aloja en una posada fundada por el arzobispo, que encuentra cómoda y barata, con no menos de cuarenta y siete cuartos espaciosos, buenas y limpias camas. Llega poco antes que el banquero Cabarrús y su amigo Izquierdo, y el unirse al séquito de éstos le facilita sus averiguaciones. Éstas se refieren a monumentos y a la situación real de la vida en la fase final del reinado de Carlos III. Visita el Alcázar, que después de años de destrucción parcial y deterioro ha sido habilitado por el mismo arzobispo (que ha gastado el equivalente a 50.000 libras) para hospicio y casa de trabajo para los pobres, con tornos de hilar y telares, sobre todo. Así, «el buen arzobispo» emplea a setecientas personas. Pero esto ha producido desequilibrios económicos y aun efectos ruinosos. No he de seguir a Townsend en sus razonamientos: pero sí en sus visitas. La segunda, a la fábrica de armas, de la que ya se ha dicho algo,[10] que encuentra en plena revitalización. Llega el turno a la catedral que visita atento y, entre las pinturas, obra de los mejores maestros, señala que las hay de Dominico Greco... La acumulación de la riqueza en el templo le da ocasión a más reflexiones objetivas de tipo económico y a informar sobre los ingresos del arzobispo mismo, los cuarenta canónigos, cincuenta prebendados y sesenta capellanes que había. Asiste a un oficio mozárabe, visita el ayuntamiento... En un caso se hace eco de tradiciones sospechosas. Cuando se refiere a la decadencia de la ciudad, que tuvo 200.000 habitantes y en el momento no tiene los 25.000. Enumera veintiséis parroquias, treinta y ocho conventos, diez y siete hospitales, cuatro colegios, doce capillas y diez y nueve ermitas. Hay desolación en la ciudad y su alrededores. Dejemos a un lado la discreta reseña histórica. Townsend señala la bondad de las aguas del Tajo y la baratura de las provisiones, dando algunos precios, más bajos de septiembre a mayo. Algo más elevados el resto del año. Estas páginas que resumo valen más, evidentemente, que las que dedica a la ciudad un tercer viajero inglés, Henry Swinburne, en *Travels through Spain, in the years 1775 and 1776.*[11] También éste, en la segunda parte del título, aclara que le han interesado de modo especial unos temas: los monumentos arquitectónicos, sobre todo romanos y árabes. Pero lo que dice de Toledo es pobre incluso desde este punto de vista. Es, según él, la más extraña ciudad que cabe imaginar desde el punto de vista de la situación: calles en cuesta, el Alcázar habilitado como va dicho, nueva carretera a Aranjuez, indiferencia ante la catedral, desdén por el Transparente, cargos contra los pobres guías o «ciceroni». Algo de atención por el culto mozárabe, referencia a veinte libros de viajes en que se puede encontrar información histórica y monumental sobre la ciudad y poco más.[12] Swinburne aquí no desarrolló su gusto por los monumentos árabes como en otras partes. Otros autores de lengua inglesa de esta época sólo se fijan en un aspecto técnico particular, como John Talbot Dillon, que se ocupó de las espadas.[13]

Pasan las generaciones y los viajeros siguen llegando, escribiendo sus impresiones. Algunos las publican sin dar su nombre, como es el caso de la obra titulada *A year in Spain by a young american*.[14] Este joven parece haberse llamado Alexander Slidell Mackenzie y era militar, según leo en otra anotación de un libro suyo, titulado *Spain revisited*.[15] Sus dos obras son valiosas. Lo que escribe en la primera acerca de Toledo,[16] refleja una decadencia real, aunque trace la historia de la ciudad de forma algo fantástica y poniendo su período más próspero y brillante en la época árabe: el tópico del arabismo es de la época. Pero es claro que en 1826, cuando el autor vino a España, Toledo, ya no llegaba a los 20.000 habitantes y que ya incluso la sede estaba empobrecida. Entre la magnificiencia de los monumentos antiguos y «*the squalid habitations of modern times*» halla un abismo. Las calles no contienen artesanos y soldados: están llenas de frailes y curas que favorecen a las bandas realistas. No se oye el runrún de los telares, sino campanas, campanas y campanas. El joven americano no tenía simpatía por el clero, evidentemente. Hay poca moral en él. Sin embargo, fue un canónigo de Toledo el que le sirvió de guía y le dio hospitalidad erudita, enseñándole San Juan de los Reyes, la catedral, en que no encuentra mucha buena pintura (!!), y sobre la que los comentarios se refieren más a la historia que otra cosa. Dedica, sin embargo, un espacio a las pinturas del claustro sobre el asunto del «Niño inocente», que le contó el canónigo mismo, con cierta vacilación... ¿Qué más? Algunas observaciones sobre las casas con patios, visita a los talleres del Alcázar, a la Universidad o colegio y a la manufactura de armas. Por fin, al «Quemadero». Una visión de conjunto de la ciudad y la visita termina.

Tiempo después, desarrolla sus actividades un hombre mucho más conocido en el mundo del hispanismo, Richard Ford, al que se debe *A Hand-book for travellers in Spain*, cuya segunda edición revisó mucho, añadió y suprimió y que lleva el lema de «Quien dice España, dice todo».[17] Ford fue un hombre de inmensa erudición, aparte de viajero pertinaz. Conocía al dedillo las historias locales y de territorios. No ha de chocar, pues, que las páginas que dedica a Toledo sean excelentes y llenas de detalles curiosos. Las instrucciones prácticas que da sobre itinerarios, diligencias, posadas, etc., le acercan a las guías prácticas más modernas: pero la erudición es de primera mano y se ve que ha leído a los viejos escritores, en detalles como el del asentamiento en cuatro colinas, lo de los 200.000 habitantes frente a los 15.000 del presente, y conoce tradiciones como la de que el primer rey de la ciudad fue Adán. Señala los itinerarios que le parecen más convenientes para el viajero. Como guía es excelente y subraya la importancia de las obras del Greco. Las reflexiones sobre los judíos, curiosas, con referencia al libro de James Finn sobre los sefardíes, a lo que contó Borrow sobre el longanicero criptojudío y a una conversación de lord Carnarvon con un liberal valenciano que, pese a su ideología, creía que había que quemarlos a todos. *El entierro del conde de Orgaz* es valorado; no otras obras del Greco. Las observaciones sobre la palabra «cigarral» y los alrededores de Toledo son pertinentes. Los puentes, los palacios de Galiana, los datos sobre las obras hidráulicas árabes y el artificio de Juanelo, justos. La referencia al cardenal Lorenzana le sirve para narrar lo que los franceses hicieron en la ciudad durante la guerra de la Independencia, que en el texto es en general motivo de interés para él y de demostración de fuerte patriotismo. A veces hay algo que sorprende, como la afirmación de que la plaza de Zocodover tenía aire moro todavía. Pero, en fin, como guía en la catedral, de la que hace cumplida descripción, y otros monumentos, puede servir ahora, y su disertación sobre las espadas es erudita siempre.

Otros muchos viajeros ingleses no se pueden comparar con éste, aunque no faltan los que dan impresiones eruditas y discretas de Toledo, por la misma época. Recuerdo ahora a G.A. Hoskins, que publicó un libro con el título excesivamente categórico, tal vez, de *Spain, as it is*.[18] Ante Toledo, el autor se fija más en las leyendas que en las formas y demuestra erudición, recurriendo a textos como el de Salazar de Mendoza; la ciudad en principio se esfuma un tanto, aunque luego se describe la catedral y otros monumentos y se rinde tributo al *Entierro del conde Orgaz*. También hay indicadiones sobre algo que ya casi ha desaparecido: las casas con entramados de madera y ventanas y balcones que ningún lápiz sería capaz de reproducir justamente. Tal vez esto es un poco injusto si se piensa en artistas como David Roberts, que años antes ilustró la obra de Thomas Roscoe, *The tourist in Spain*, con un tomo dedicado a «Biscay and the Castiles»[19] en el que el capítulo final se dedica a Toledo.[20] Era en época de bandolerismo. Pero en el viaje desde Madrid el autor quedó más bien envuelto en las lucubraciones estéticas de otro viajero alemán que asustado por historias de asaltos a diligencias. El alemán expone las teorías de un estético nacido en Suiza, llamado Sulzer (1720-1779), que, por lo que veo, tenía una tendencia moralizadora. La visión de Illescas no deja de ser original, después de este exordio estético. Roscoe enjuicia todo, como un inglés de su época, y encuentra que, como en muchas ciudades paganas de la Antigüedad, en Toledo hay un contraste sorprendente entre la grandeza y magnificiencia de los templos y edificios públicos y la pobreza de la construcción privada. La única casa que le parece sobresaliente es la de los Vargas y considera que acaso el Alcázar es el edificio más destacable de la ciudad. Los juicios siguen así desmesurados. No hay por qué protestar de ello. Cada viajero es como es, y la circunstancia en que ve lo mismo que otro es distinta. ¿Cómo seleccionar, dónde parar? Muchos viajeros, sin embargo, ven lo mismo y repiten lo mismo... y no faltan los que resultan de una ligereza un poco irritante; por ejemplo, George John Cayley en la obra que tituló *Las alforjas*,[21] escrita en forma de cartas. El viajero que busca enterarse e instruirse parece que, en general, encuentra más que el que busca sensaciones e impresiones, sobre todo cuando este sensitivo no es demasiado sensible en realidad.

4. *Visiones francesas*

El francés en España también parece, en general, que está más cerca de lo que ve, le guste o no. Siempre es hijo de su época, como es natural, y así entre los del siglo XVIII y los del XIX hay diferencias muy sensibles. Como en el caso de los ingleses, también parece que a los franceses del XVIII les anima más un propósito informativo de tipo utilitario, mientras que a mediados del XIX buscan el «color local» y lo romántico. Pero, además, entre los de fines del XVIII hay algunos influidos por el espíritu de las «luces» en un sentido revolucionario que les hace ser parciales: una ciudad como Toledo no les puede seducir, como tampoco seducirá hoy al que se sienta o se crea revolucionario. Pero, de todas formas, un ministro plenipotenciario en Madrid, J.F. Bourgoing, hijo de la Revolución, en su *Tableau de l'Espagne Moderne*,[22] aunque encuentra a Toledo en una evidente situación de decadencia económica, se hace eco de la tolerancia del arzobispo y del clero. Su visión es la de una ciudad meridional que se defiende del sol con toldos y es limpia, dentro de la pobreza. También se refiere a los trabajos eruditos del cardenal Lorenzana, que, probablemente, ha sido el arzobispo de Toledo que ha recibido más elogios de todos los de la época moderna y contemporánea. Bourgoing resalta también la eficacia de la caridad antigua, cristiana, en hospitales como el de los locos, pero cae en lugares comunes constantes, como el de hacer referencia a los 200.000 habitantes antiguos frente a los 25.000 decadentes del momento.

Un carácter informativo más minucioso es el de la obra del conde Alexandre de Laborde, *Itinéraire descriptif de l'Espagne,*[23] en la que dedica bastante espacio a Toledo y demuestra observación crítica. Porque empieza por dudar de las cifras de población antiguas. Como esfuerzo, el de Laborde es grande. La población del momento la cifra en 4.263 familias. Sobre clero, administración, sanidad, iglesias y monumentos, artes, industrias, albergues, precios, es más informativo que cualquier otro.

Pasar al mundo romántico es dar un salto mortal. La visión de Toledo que nos da Gautier en su viaje, que se fecha por los años de 1840, es la de un hombre que conocía lo más importante que había de visitar, por lecturas, y que también estaba informado de las leyendas y tradiciones más famosas. Da, como siempre también, algunas notas de color, aquel famoso «color local» que atrajo tanto a los románticos, y en alguna ocasión hay que reconocer que salta sobre los prejuicios de su época y de otras anteriores.[24] Todavía por aquellas fechas se ve que el viaje de Madrid a Toledo no era cómodo, más con calor. Del camino se contaban cosas peligrosas, en punto a bandolerismo, aunque, como es sabido, era de Toledo al sur, en los «montes» llamados así por antonomasia, donde se hallaban las partidas más famosas. El camino en sí era malo y el viajero podía optar por una pequeña calesa *(«calesine»)* o por la también pequeña diligencia que salía dos veces por semana nada más, calle y puente de Toledo abajo, para comer en Illescas. El paisaje le resulta árido. Pero Gautier encuentra, frente a otros viajeros, que donde para en la ciudad es un lugar confortable: la fonda del Caballero, en un antiguo palacio, y la fondista es una *«douce et charmante femme».*[25] Las impresiones y los juicios reflejan sensibilidad, como siempre en el poeta, que goza en las calles estrechas, se espanta de calor en plazas y espacios más anchos. Entre la masa de casas antiguas con grandes portadas, destaca algo que ha desaparecido ya en casi todas las poblaciones españolas y que correspondía a una moda dieciochesca: las fachadas pintadas con falsos bajorrelieves, grisallas, medallones, cazoletas, amorcillos y figuras mitológicas, más o menos *«trumeau»* y *«pompadour».*[26] Dejemos las impresiones que le producen los grandes monumentos. Hay unas líneas que son altamente significativas. Gautier, sin duda, había leído ya algo acerca del Greco y su «locura», que consistía en temer que le consideraran un simple imitador de Tiziano, su maestro. Gautier, ante la *Sagrada Familia*, se admira. Ante el *Bautismo de Cristo*, reflejo de su «segunda manera» (la loca, podríamos decir, siguiendo su juicio), en el fondo queda fascinado y creo que su texto hubo de influir mucho en otros escritores y artistas.[27]

Sigamos con los románticos franceses. Alejandro Dumas, padre, escribió un libro, que se titula *Impressions de voyage. De Paris a Cadix*, en forma de cartas a una dama. Hay en él una en que da cuenta de sus impresiones rápidas de Toledo, cuando visitó la ciudad en otoño, en compañía de otros hombres de letras y artistas: entre ellos su propio hijo.[28] Son éstas impresiones de cierto valor general.[29] En primer término, confirman lo que se desprende de otros textos sobre el aislamiento de la ciudad con respecto a Madrid, porque la carretera seguía siendo mala, los viajeros se impacientaban y hasta bajaban de los carruajes para andar. El caso es que llega una hermosa noche otoñal y la impresión de la ciudad es inmensa a la claridad misteriosa de la luna. Paran a las ocho en la posada del Lino. Otros compañeros estaban ya en la de los Caballeros. Dumas va a buscarlos. Segunda visión de casas alrededor de «precipicios»: más hipérbole que en los textos de Lope. Conciencia de la fama que tiene en el país y un pequeño cuadro de género, con los arrieros y muleteros, los leñadores, los huéspedes que oyen a los parisienses. En realidad, éstos son lo importante en el viaje. Dumas, de todas formas, aunque afirma que Toledo es una ciudad que muere, que ha decaído enormemente con sus 15.000 habitantes escasos después de haber tenido 100 o 120.000 (aquí, el novelista es más modesto que otros), queda fascinado: «*Toléde est une merveille de situation, d'aspect, et de lumière*». Deja para otros los detalles, no se refiere a monumentos concretos. Pero insiste: «*Si vous voyagez jamais en Espagne, madame, si vous visitez Madrid, frétez une voiture, créez une diligence, attendez une caravane s'il faut, mais allez á Toléde, madame, allez a Toléde*». Estas líneas entusiastas valen más que alguna declamación posterior, de tendencia revolucionaria, que no encuentra en Toledo más que miseria y teocracia.[30] No hay, pues, que generalizar.

Entre los autores franceses decimonónicos hay uno que fue hispanista laborioso y que escribió un libro entero que se titula *Toléde et les bords du Tage. Nouvelles études sur l'Espagne*:[31] Antoine de Latour, o más exactamente Louis-Antoine Tenant de Latour. Profesor muy adicto a la familia de Orleans, acompañó a ésta a España, tras la revolución de 1848, de suerte que por eso conoció bien el país en que vivió muchos años. Latour escribió varios libros descriptivos, un estudio sobre don Miguel de Mañara. También tradujo al francés obras del italiano y del español y era estudioso y de buena voluntad. Su libro es, así, informativo y correcto, sin fuegos de artificio. Después, hay otros muchos escritores franceses que visitan Toledo que demuestran entusiasmo y pasión.[32] Ninguno parece que en esto llegó a la fuerza expresiva de Maurice Barrés, al que se han hecho varias referencias y cuyo libro hizo época.[33]

5. Visiones alemanas

El viajero alemán está mucho más alejado y, en general, llega con un propósito informativo muy concreto. Con ojos de especialista, muy frecuentemente: en el caso de Toledo, de especialista en arte sobre todo. No faltan, claro es, los que informan como guías en general, pero no son los más interesantes.

Por otra parte, los que más se interesaron por la literatura española (Cervantes, Lope, Calderón o Gracián) no estuvieron casi nunca en España, aunque el nombre de Toledo les fuera familiar.

A mayo de 1876 corresponde la estancia de seis días en Toledo del crítico e historiador de arte Carl Justi, reflejada en una carta que escribió desde Madrid a su hermana el 10 de mayo, desde la fonda Peninsular. La ciudad le parece muy ruidosa, el interior de la catedral, magnífico, pero no da mayores detalles.[34] Muchos años después, en 1890, volvió por marzo y vuelve a escribir a su hermana otra carta desde allí: pero en ella se refiere a su viaje desde Levante y a la caída de Bismarck,[35] y en otra posterior las referencias son insignificantes.[36] Esto choca. Porque después son numerosos los alemanes que llegan con conocimientos sólidos, desde el punto de vista artístico, y quedan fascinados. No faltan, sin embargo, viajeros que escriben en alemán y que dan una visión más bien anecdótica, como es la del pintor judeo-holandés Josef Israëls.[37]

Hay algunos viajeros de este siglo que en Toledo lo que les interesa por encima de todo es la pintura del Greco. Esto se explica en críticos de pintura como I. Meier-Graefe, que escribió desde allí sus observaciones y reflexiones en forma de cartas, en mayo de 1908.[38] La ciudad le recuerda hasta cierto punto y con limitaciones a Orvieto. El viaje a ella, las tierras del Quijote. Pero ya, desde que entra en la catedral, el Greco le subyuga y anota toda clase de observaciones sobre períodos, técnica, colores de los cuadros que va viendo. También sobre sus concepciones arquitectónicas, que le parecen de origen miguelangelesco. En suma, las cartas interesan más al admirador del artista que al viajero o visitante de la ciudad. Porque para conocer mejor al Greco, Meier-Graefe va en tartana a Illescas. Muchas cosas bellas hay en Toledo, en las iglesias, en la catedral... «*Aber schöne cuadros von El Greco ¡So viel gibt es nur in Toledo!*». Sigamos en esta línea.

Por la correspondencia de Rilke parece que estando en Venecia, en septiembre de 1912, tuvo noticia de la obra del Greco e interés por conocerla. Así llegó a Toledo, y el día de Difuntos del mismo año escribía sus primeras impresiones a una dama aristocrática. Éstas son rápidas y las más curiosas se refieren a las tonalidades variables que toma la ciudad a distintas horas.[39]

1. *Viaje a España del magnífico señor Andrés Navagero (1524-1526) embajador de la República de Venecia ante el emperador Carlos V,* traducción de José María Alonso Gamo, Valencia, 1951, pp. 45-49.

2. *Viaje de Cosme de Médicis por España y Portugal (1668-1669),* Madrid, 1933, pp. 148-158.

3. *Lettere d'un Vago italiano ad un suo amico,* 4 vols., Milán, 1759-1767.

4. *Viage de España,* 3.ª ed., I, Madrid, 1787, prólogo, sin paginar, en general. Un texto de Caimo a la p. 17, Toledo tiene una población levítica y no más que cualquiera de las «cittadelle» de la Romagna.

5. *Spagna,* Florencia, 1873, p. 257. El capítulo sobre Toledo, a las pp. 256-287.

6. *Letters concerning the Spanish nation: Written at Madrid during the Years 1760 and 1761,* Londres, 1763.

7. Clarke, *op. cit.,* pp. 175-178.

8. Uso de la segunda edición, Londres, 1792.

9. Townsend, I, pp. 303.

10. Capítulo X, sección 1.

11. Uso de la segunda edición en dos volúmenes, Londres, 1787.

12. Swinburne, *op. cit.,* II, pp. 118-127.

13. Véase cap. X, 1.

14. Dos volúmenes, Londres, 1831.

15. Dos volúmenes, Londres, 1836.

16. *A year...,* II, pp. 24-58 (capítulo XII).

17. Londres, 1847.

18. En dos vols., Londres, 1851; en el II, pp. 99-138.

19. Londres, 1837.

20. Pp. 267-294.

21. II, Londres, 1853, pp. 131-136.

22. Tercera edición, III, París, 1803, pp. 1-18.

23. Tercera edición, IV, París, 1828, pp. 241-281.

24. Théophile Gautier, *Voyage en Espagne. Tra* (sic) *los Montes,* París, 1914, pp. 136-175 (capítulo X).

25. *Ibid,* pp. 136-140.

26. *Ibid,* p. 143.

27. *Ibid*, p. 172. Escribe sobre el segundo cuadro: «*Il y a des abus de blanc et de noir, des oppositions violentes, des teintes singuliéres, des attitudes strapasées, des draperies cassées et chiffonées á plaisir; mais dans tout cela regnent une energie dépravée une puissance maladive, qui trahisent le grand peintre et le fou de génie. Peu de tableaux m'ont autant interessé que ceux du Greco, car les plus mauvais ont toujours quelque chose d'inattendu et de chevauchant hors du possible qui vous surprend et vous fait réver.*»

28. 2 vols. en la edición de París, 1883. La primera data de 1847-1848.

29. Ocupan la carta XIII, fechada en Aranjuez el 25 de octubre: ed. cit. 1, pp. 177-189.

30. Charles Didier, *Une année en Espagne*, I, Bruselas, 1857, pp. 225-272.

31. París 1860. El autor vivió de 1808 a 1881.

32. Por ejemplo René Bazin, *Terre d'Espagne*, París, s.a., pp. 177-188. Octubre de 1894.

33. El libro es de 1912. Alberto Insúa en su traducción de 1914 puso un prefacio interesante (pp. 7-42).

34. *Spanische Reisebriefe*, Bonn, 1923, pp. 56-58.

35. *Ibid.*, pp. 347-349.

36. *Ibid.*, p. 351.

37. *Spanien. Eine Reise-Erzählung*, Berlín, 1900, pp. 63-74.

38. *Spanische Reise*, Berlín, 1922, pp. 81-108.

39. Rainer Maria Rilke, *Briefe aus den jahren 1907 bis 1914*, Leipzig, 1933, pp. 246-254 (n.º 96-98).

Epílogo

1

Al término de esta exposición, se le ocurre al que la ha llevado a cabo que se pueden reunir una serie de reflexiones acerca de temas de antropología general, y más concretamente acerca de lo que ahora se cultiva con el nombre de antropología de las ciudades, originadas en el transcurso de la composición del texto. Porque, en términos generales, es evidente que la vida del hombre en los núcleos urbanos discurre de modo muy distinto a como discurre en campos y poblaciones pequeñas o diseminadas. En segundo término, hay ciudades y ciudades, y el devenir de algunas es distinto en absoluto al de otras, incluso en espacios relativamente cercanos entre sí. Lo expuesto en este libro hace ver de modo claro que el devenir de Toledo es particularísimo. Porque, habiendo sido siempre una ciudad no grande de población y de tamaño, tiene significado de primer orden desde hace muchos siglos en la vida española en particular y en la europea en general. Es una especie de «ciudad sagrada», en el más amplio sentido de la palabra: un «santuario». Ahora bien, este carácter sostenido, en arte, en religión, en literatura, tiene un desarrollo que podríamos definir como autónomo con respecto a lo que en otras muchas ciudades significan los principales elementos motores, como pueden serlo la industria o el comercio. Toledo tuvo siempre artífices y artesanos experimentados y aún los tiene: pero jamás ha poseído una gran industria, ni ha sido un centro burocrático o administrativo de mayor significado en la vida pública, civil, española. Esto fue causa de su decadencia en el siglo XIX y de que hoy no presente el mismo ritmo demográfico que se observa no sólo en las grandes capitales industriales, comerciales y burocráticas, sino también en los núcleos suburbanos, que se han desenvuelto al lado de aquéllas de modo tan vertiginoso como productor de ciertos tipos de desequilibrio, específicos de nuestra época.

Hablar, pues, de evolución o desenvolvimiento de las ciudades, en un sentido unilineal, es imposible, y dar una idea de «progreso», atendiendo a unos cuantos criterios o tópicos, mejor dicho, es engañarse y engañar. La utilización de conceptos como los de «decadencia» o «atrofia» siempre pueden también dar una idea unilateral de los hechos. El *Tiempo*, en Toledo, ha producido resultados maravillosos y espectaculares en *Espacio* muy limitado. Toledo es un «objeto», una «cosa» lujosa y única. Pero esta cosa está habitada, poblada; desde antiguo se ha percibido que su magnificencia material no correspondía del todo al modo de vivir de los toledanos. Hoy habrá muchos que vivirán mejor que los de la época de esplendor o los del siglo XVI a los que aludía Hurtado de Toledo. ¿Qué significa entonces, en términos de antropología social o cultural la forma dada por el *Tiempo* a un continente (la ciudad) en relación con el contenido de ella (sus pobladores)?

Creo que los secuaces ciegos del funcionalismo se verían en un aprieto si tuvieran que aplicar sus teorías a este caso concreto. También los adeptos de otras escuelas o «ismos», más o menos en boga, en los campos de la antropología y de la sociología. La ciudad presenta en su vivir problemas específicos, que no se debe pretender resolver con recetas generales, que, por desgracia, ya se han aplicado en otras, con resultados más que discutibles. Pienso, por ejemplo, que sería una enormidad aplicar al futuro de Toledo la receta industrial en la que tanta fe han depositado los utilitarios de todas clases en la

España contemporánea. La experiencia nos indica que focos o «polos» creados hace no mucho son hoy poco menos que ruinosos. Creer que fundando fábricas a troche y moche se resuelve el problema de los «puestos de trabajo» es poco menos que una superstición, lo que se dice y se hace no se funda en la experiencia de la razón. En gran parte, se vive hoy con una confusión mental debida a una falta de dominio absoluta del lenguaje, un desconocimiento peregrino del significado de las palabras y de su aplicación adecuada. Pienso que sería prudente, en primer término, que no tuviéramos tanta fe en ellas y que nos sintiéramos discípulos de Demócrito cuando dijo que eran a modo de sombras de los hechos y que en consecuencia, como tales sombras proyectadas, dan figuras relativas, distintas y engañosas. En primer término, los nombres comunes pueden producir grandes desorientaciones, incluso en casos en que a ellos se añadan algunos datos complementarios: términos como ciudad, capital de provincia, diócesis y otros varios de significado administrativo, religioso o político dan idea de ciertas homogeneidades. Sin embargo, lo que puede servir en un manual de geografía no nos sirve en otras muchas ocasiones y menos cuando pretendemos saber lo que es determinada ciudad y menos lo que le conviene en particular.

En un lugar opuesto al de los que redactan manuales y repertorios administrativos se han colocado siempre los que han procurado descubrir lo que se ha llamado el *alma* de una ciudad determinada y han aplicado a ello la noción de *psicología*. A fines del siglo XIX y comienzos de éste, poetas y prosistas de talento escribieron acerca de cosas tales como la psicología de una ciudad famosa. Se procuraba demostrar que la ciudad tenía un *cuerpo* y un *alma* como si se tratara de un ser vivo, racional. Esta trasposición ofrece también algunas dificultades: más si se cree que, en efecto, el cuerpo tiene su existencia propia y el alma la suya. El que se considere monista puede pensar que el cuerpo y el alma de la ciudad constituyen un todo con su desarrollo propio desde el momento en que la ciudad nace hasta que llega a su plenitud y su decadencia, si es que la tiene. Pero también en este pensamiento hay algo de vaguedad: porque un ser vivo es una unidad sujeta a fin inexorable y una ciudad no está sujeta a la misma ley, aunque se pueda pensar que la ciudad en sí, por su corporeidad o materialidad, está más próxima a un organismo que una «cultura» en general, aunque sobre la «organicidad» de las culturas discurrieron etnólogos como Frobenius y pensadores como Spengler. Entre lo vivo y lo construido por el hombre hay siempre distancias difíciles de franquear sin el trampolín de la metáfora.

2

Lo construido materialmente también tiene sus fueros. En el caso de Toledo, la acumulación de riquezas artísticas y culturales en un espacio tan pequeño es un privilegio por un lado, un peso por otro. El hombre contemporáneo ha de hacerse una pregunta dramática que es la de si puede con su pasado o no. En países como Grecia la respuesta es una. En Italia, otra. En España, otra: pero en conjunto hay que reconocer que no es fácil «poder»: más cuando las mismas clases llamadas «conservadoras» han conservado poco, han destruido tanto y han estado satisfechas con los monstruos que han creado. En general, puede afirmarse que un pasado «rico» es costoso de sostener. En casos, se ha hecho liquidación de riquezas vendiéndolas. En otros, han sido expoliadas en momentos de debilidad del que las tenía y de prepotencia del que se apoderaba de ellas.

Pero ahora la cuestión se plantea en otros términos y hay que buscar arbitrios para poder sostener el patrimonio y para que rinda provecho. De una manera empírica, Toledo ha llegado a organizar un tipo de turismo, como es observable por cualquiera. Pero aún hay mucho que hacer en otros campos. Los centros de carácter universitario se desarrollan algo. Acaso, sin embargo, más que los estudios normales en ellos sería provechoso fomentar el desarrollo de centros de enseñanza superior, que vinieran a recordar la famosa escuela de traductores con rasgos modernos. Centro de estudios artísticos, literarios, orientales, históricos en general, que atrajeran a toda clase de gentes. También a cultivadores y aficionados al arte, porque pienso que podría resucitarse la tradición teatral y pictórica. Hoy, en que el gran teatro español se encuentra en cierto estado de decadencia con respecto a comienzos de siglo, en que había grandes actrices y actores que tenían éxito representando las obras de Lope, Tirso, Calderón, Moreto, etc., podría hacerse de Toledo un escenario estupendo para restaurar la afición.

¿Son éstos sueños de visionario frente a las ideas del hombre de negocios que atiende a un interés único siempre o el jefe del sindicato que no ve más que a través de la noción de «puesto de trabajo», aunque el trabajo sea ineficaz? Porque no se trata de averiguar si lo que se propone es cosa de lujo, puesto que Toledo en sí es un lujo que tiene España, como Leningrado puede ser un lujo que ha heredado la Rusia soviética. La cuestión es darle destino al lujo.

Libros especialmente consultados[1]

AL HIMYARĪ, *La péninsule ibérique au Moyen Âge d'après le Kitāb ar-rawḍ al-mi'ṭār fī ḥabar al-aḳṭār d'Ibn'Abd al-Mun'im al-Ḥimyarī*. Edición y traducción de E. Lévi-Provençal (Leiden, 1938).

ALCOCER, PEDRO DE, *Hystoria o descripcion de la Imperial cibdad de Toledo. Con todas las cosas acontecidas en ella, desde su principio, y fundacion. Adonde se tocan y refieren muchas antiguedades, y cosas notables de la Hystoria general de España. Agora nuevamente impressa* (Toledo, 1554).

AMADOR DE LOS RÍOS, JOSÉ, *Toledo pintoresca, o descripción de sus más célebres monumentos* (Madrid, 1845). Hay reproducción fotomecánica de Barcelona, 1976.

Ceca y banca de Toledo. 1515 y 1551 (Madrid, 1966).

Censo de población de las provincias y partidos de la Corona de Castilla en el siglo XVI. Con varios apéndices para completar la del resto de la península en el mismo siglo y formar juicio comparativo con la del anterior y siguiente, según resulta de los libros y registros que se custodian en el Real Archivo de Simancas (Madrid, 1829).

COSSÍO, MANUEL B., *El Greco, dos volúmenes de texto y uno de láminas* (Madrid, 1908).

CRASTRE, VICTOR, *Toledo, with ninety-five photographs text translated by Nadine Peppard* (Londres, 1957).

---

1. Sin referencia a textos literarios o de otra clase de carácter general.

EDRISI, *Description de l'Afrique et de l'Espagne. Texte arabe, publié pour la première fois d'après les manuscrits de Paris et d'Oxford avec une traduction, des notes et un glosaire par Reinhart P. A. Dozy et Michaël J. de Goeje* (Amsterdam, 1969).
Enciclopedia universal ilustrada europeo-americana, LXII (Bilbao-Madrid-Barcelona, 1928) rr. 418 b-478b.
España. Toledo. 1.ª serie (Madrid, Castel y C.ª s.a.).

FLAMENT, ALICE Y MARC, *Toledo.* Selección de textos y comentarios: Fernando Espejo García y Francisco Zarco Moreno (León, 1967).
FLOREZ, ENRIQUE, *España Sagrada,* tomo V. «Trata de la provincia Cartaginense», 3.ª ed. (Madrid, 1859).
FUIDIO, FIDEL, *Carpetania romana* (Madrid, 1934).

GAMARRA, PABLO, *Aguafuertes toledanos* (Toledo, 1972).
GONZÁLEZ PALENCIA, ÁNGEL, *Toledo en los siglos XII y XIII.* Conferencia pronunciada en la Sociedad Geográfica Nacional el día 19 de diciembre de 1932 (Madrid, 1933).
GONZÁLEZ SIMANCAS, M., *Toledo, sus monumentos y el arte ornamental* (Madrid, 1929).

IBN 'ABD AL-HAKAM, *Conquête de l'Afrique du Nord et de l'Espagne,* edición y traducción de Albert Gateau (Argel, 1948).
IBN KURRADÂDHBIH, IBN AL-FAQIH AL HAMADHÂNI e IBN RUSTIH, *Description du Magreb et de l'Europe au IIIᵉ IXᵉ siècle.* Edición y traducción Hadf Sadok Mahammed (Argel, 1949).

JIMÉNEZ DE RADA, RODRIGO, «Historia de rebus Hispaniae», en *PP. Toletanorum quotquot extant opera III* (Madrid, 1793). Hay reproducción facsimilar de Valencia, 1968.

LAMBERT, ÉLIE, *Tolède*, en la colección Les villes d'Art celèbres (París, 1925).

LATOUR, ANTOINE DE, *Tolède et les Gards du Tage. Nouvelles études sur l'Espagne* (París, 1860).

LEGENDRE, M. y A. HARTMANN, *Domenico Theotocopouli dit El Greco* (París, 1937).

LOZANO, CRISTÓBAL, *Los reyes nuevos de Toledo. Descrivense las cosas mas augustas, y notables desta Ciudad Imperial, quienes fueron los Reyes Nuevos sus virtudes, sus hechos, sus proezas, sus hazañas y la Real Capilla, que fundaron en la Santa Iglesia, Mausoleo sumptuoso, donde descansan sus cuerpos...*, segunda impresión (Madrid, 1674).

MARIANA, JUAN, *Toledo, tradiciones, descripciones, narraciones y apuntes de la imperial ciudad*. Ilustraciones de Luis García Sampedro (Barcelona, 1898).

MIRANDA PODADERA, LUIS, *Un viaje a Toledo. Plano y guía de la histórica ciudad, con fotograbados y recorrido para el turista*, 3.ª ed. (Madrid, s.a.)

MADOZ, PASCUAL, *Diccionario geográfico-estadístico-histórico de España y sus posesiones de Ultramar*, tomo XIV (Madrid, 1849) pp. 814,a-850,b.

MARAÑÓN, GREGORIO, *El Greco y Toledo* (Madrid, 1956).

MÉNDEZ SILVA, RODRIGO, *Población general de España, sus trofeos, blasones, y conquistas heroycas...* (Madrid, 1645).

PARRO, SISTO RAMÓN, *Toledo en la mano, o descripción histórico-artística de la magnífica catedral y de los demas celebres monumentos y cosas notables que encierra esta famosa ciudad...* 2 vols (Toledo, 1857).

PASCUAL CARLOS, *Guía secreta de Toledo* (Madrid, 1976).

PISA, FRANCISCO DE, *Descripcion de la Imperial Ciudad de Toledo, y historia de sus antiguedades, y grandeza, y cosas memorables que en ella han acontecido,*

239

que la han señoreado, y governado en sucesion de tiempos: y de los Arçobispos de Toledo, principalmente de los mas celebrados. Primera parte. Repartida en cinco libros, con la historia de Santa Leocadia. Dirigida y dedicada al Senado de la misma Ciudad (Toledo, 1605).

PISA, FRANCISCO DE, *Prosigue la Historia del Doctor Francisco de Pisa, según ofrece en su primera parte Memoria del origen, milagro, cosas notables, Santuarios y Ymagenes de devocion, que hay en esta Ciudad, y fuera en su termino en cumplimiento de una Cedula Real del Rey nuestro Señor y una Provision del Consejo del Illmo de Toledo, por el Doctor Francisco Pissa.* Ms. Real Academia de la Historia, 9-5664.

Relación de lo que pasó para establecer el estatuto de limpieza en la Sta. Iglesia de Toledo y acuerdos de su Cabildo sobre esta materia y es el primero a 19 de Julio año de 1547. Era Arço el Cardenal Siliceo. Ms. Real Academia de la Historia 9-1207 (Colección Salazar).

RIERA VIDAL, P., *Un día en Toledo (Guía artística ilustrada)* (Toledo, 1967).

ROJAS, PEDRO DE, Conde de Mora, *Historia de la Imperial, nobilissima, inclita y esclarecida ciudad de Toledo, cabeza de su felicissimo reyno: fundación, antiguedades, grandezas, y principio de la Religión Católica en ella: y de su Santa Iglesia, Primado de las Españas: Vidas de sus Arçobispos, y Santos; y cosas memorables de su Ciudad y Arçobispado,* dos partes (Madrid, 1653-1654).

SANTIAGO PALOMARES, FRANCISCO DE, *Noticia de la Fabrica de Espadas de Toledo que por tantos Siglos existió hasta fines del XVII en que acabó, y del método que tenían aquellos Artifices Armeros para forjarlas, y templarlas. Aceros de que usaban, y otras particularidades que las hicieron tan famosas en todo el Mundo como apetecidas al presente, y de la que el Rey N.S. que*

Dios guíe, se estableció en esta Ciudad año de 1760 por Francisco de Santiago Palomares Escrivano mayor de primeros remates de Rentas Decimales de Toledo y su Arzobispado. Ms. Real Academia de la Historia, 9-5956, Varios de Historia, fols. 179 r. - 191 r.

Todo Toledo. Texto literario, fotografías, diagramación y reproducción, enteramente concebidos y realizados por los equipos técnicos de Editorial Escudo de Oro, S.A., 7.ª ed. (Barcelona, 1986).

VALLEJO, FELIPE, *Memorias i disertaciones que podrán servir al q̃ escriba la Historia de la Iglesia de Toledo, desde el año MLXXXXV en que conquistó dicha ciudad el rei Don Alfonso VI de Castilla.* Ms. de la Real Academia de la Historia (2 Ms. 24 Colección San Román). *El autor es el indicado, según carta a el dirigida por Don Pedro Manuel Hernández, fechada en el palacio arzobispal, a 28 de junio de 1785.*

VIÑAS, CARMELO y PAZ JULIÁN. *Relaciones de los pueblos de España ordenadas por Felipe II. Reino de Toledo. Tercera parte* (Madrid, 1963)

Puerta
del Cambrón

Monasterio
de San Juan
de los Reyes

Sinagoga
del Tránsito

Puente de San Martín

TOLEDO

ÍNDICE DE NOMBRES

T

U

V

253

ÍNDICE

255